泛娱乐
与著作权的
那些事儿

袁 博 ◎著

知识产权出版社
全国百佳图书出版单位

图书在版编目（CIP）数据

泛娱乐与著作权的那些事儿/袁博著. —北京：知识产权出版社，2018.9（2019.11 重印）

ISBN 978-7-5130-5815-5

Ⅰ.①泛… Ⅱ.①袁… Ⅲ.①著作权—研究—中国 Ⅳ.①D923.414

中国版本图书馆 CIP 数据核字（2018）第 205061 号

内容提要

本书从著作权法的角度出发，针对当代与娱乐活动相关的著作权前沿问题进行了探讨和分析，涵盖了影视作品、动漫作品、体育比赛、艺术品、流行文学等领域，同时，也对互联网环境下产生的一些著作权纠结经典案例进行了解读，可供娱乐行业相关从业人员参考。

责任编辑：卢海鹰　王玉茂	责任校对：王　岩
装帧设计：韩建文	责任印制：刘译文

泛娱乐与著作权的那些事儿

袁　博　著

出版发行：	知识产权出版社有限责任公司	网　　址：	http://www.ipph.cn
社　　址：	北京市海淀区气象路 50 号院	邮　　编：	100081
责编电话：	010-82000860 转 8541	责编邮箱：	wangyumao@cnipr.com
发行电话：	010-82000860 转 8101/8102	发行传真：	010-82000893/82005070/82000270
印　　刷：	北京嘉恒彩色印刷有限责任公司	经　　销：	各大网上书店、新华书店及相关专业书店
开　　本：	720mm×1000mm　1/16	印　　张：	13.25
版　　次：	2018 年 9 月第 1 版	印　　次：	2019 年 11 月第 2 次印刷
字　　数：	193 千字	定　　价：	55.00 元

ISBN 978-7-5130-5815-5

出版权专有　侵权必究

如有印装质量问题，本社负责调换。

序　言

最近两年，关于游戏画面的著作权问题，成为著作权实务领域最热门的话题，无"之一"。笔者不由地想起著作权界五年一热的话题规律：十年前是关于"计算机字体"的大讨论；五年前是关于"体育赛事直播"的大讨论；时至今日，讨论话题又变成了"游戏画面"。

"计算机字体→体育赛事直播→游戏画面"的变化，恰恰说明了一点：与其说著作权是以保护作者为核心的权利体系，不如说，著作权"各项权能设置背后都代表了一个产业或利益团体"（参见卢海君：《版权客体论》）。例如，在谈及著作权的起源，很多人言必称《安娜女王法》，然而，考察历史背景，却不难发现，该法的出台最初并非主要为了保护作者权利，而是侧重保护出版商的权益。因此，与其说是天赋人权，倒不如说著作权从诞生那天开始就和产业利益密切相关。因此，如今进入公众视野的关于游戏画面著作权的讨论，恰恰反映出以游戏业为代表的娱乐行业的日益发展和随之而生的利益需求。

新兴领域的出现意味着"蛋糕"越做越大，那么在法律上如何合理地切分"蛋糕"就成为亟待解决的首要问题。因此，笔者结合自己十年的实务经验和在高校学习的博士课程的前沿理论，精心撰写此书，希望给广大的著作权实务人士以实用的启发和参考。由于时间有限，错漏之处在所难免，敬请谅解。

本书得以面世，特别要感谢"2018年上海市促进文化创意产业发展财政扶持资金"和上海知识产权研究所的大力支持，在此感谢。是为序。

前　言

2015年，美国纽约苏富比（Sotheby）拍卖会上，美国抽象艺术大师汤伯利的作品《黑板》创下7053万美元（约合4.5亿元人民币）之天价，同时也打破了汤伯利个人拍卖的最高纪录。然而，这幅价值连城的作品在形式上却令人无比震惊：表现为在黑板上6行的连续圈圈，就像小朋友的涂鸦一样，有网友惊呼这个天价涂鸦"简直是抢钱"。

然而这样的天价涂鸦在艺术界事实上屡见不鲜。例如，美国艺术家克里斯托弗·乌尔的作品《Blue Fool》在纽约佳士得拍卖会中以440万美元落锤，而这幅作品不过就是"FOOL"四个字母按照两行两列进行排列；再如，画家卢西奥·丰塔纳的作品《概念的空间，等待》在伦敦公开拍卖时，最后成交价50万美元，而这幅作品其实就是一张红色画布上被猫爪子划出了几道笔直的划痕。

上述例子充分说明了一件事：对于作品尤其是美术作品而言，由法官来判断其艺术性或者创造性的高低，其实是一件充满风险的事情。这是因为，在涉及高雅的艺术价值评估上，受过职业法律训练的法官与一般的民众并没有什么不同。

正是因为对艺术的评估标准充满了敬畏，英美在作品独创性的司法评判上，也体现了一以贯之的谨慎。例如，美国联邦最高法院在Feist案中指出，"独创性中的创造性，只要一点点，就已足够"。美国著名版权学者尼莫（Nimmer）也认为，"即使是由最普通和老套的个性化努力也可能创作作品，即使这种努力非常渺小"。与之相对，充满了浪漫艺术气息和悠久文化传统的法国人和德国人则自信他们的法官具有艺术

鉴赏家的专业实力，因此在作品独创性的判定上充满自信。但是，正如笔者在文首所指出的那样，这些看似顽童所为的涂鸦，其实是著名艺术家的天价作品，对于其中所蕴含的专业艺术价值，有多少非专业人士能够看懂？既然看不懂，又凭什么能够有足够的自信可以作出独创性的判断呢？

例如，在普通人看来，给《蒙娜丽莎》中的人物加上两撇山羊胡不过是毫无创意、毫无美感的低俗恶搞，然而在法国这种行为却成就了一幅伟大的作品。1917年，杜尚在一幅《蒙娜丽莎》的印刷品上，用铅笔涂上了山羊胡子，并标以"L. H. O. O. Q"的字样。这幅画发表后引发巨大争议，同时也使这幅画成为世界上知名度最高的作品之一。正由于"艺术家的事情我们不懂"，美国的霍姆斯大法官警告说，"让仅受过法律训练的人员对绘画图片的艺术价值进行最终判定，是一件危险的事情，任何公众的品位都不应受到轻视"。

然而，法官无法拒绝裁判，在具体个案的作品的独创性判断中，也不可能件件求助于专家辅助人或者专业鉴定意见，那么，法官应该如何对一件作品作出符合专业眼光的中肯判断？

首先，要综合考虑作者本人的具体情况。必须承认，尽管艺术品拍卖市场中经常出现的天价很多与作品本身的艺术价值有所关联，然而，一个不容回避的事实是，市场交易价值中很大的一部分，是与作者本人的知名度和社会声誉是分不开的。例如，同为幼童涂鸦般的画作，一般人难以看出《黑板》想要表达什么样的艺术高度或者深奥精神，但是由于出自作者汤伯利笔下，就让这六个圆圈成为史上最昂贵的涂鸦。因此，在考察具体某幅作品的独创性上，应当将作者本人在艺术界的知名程度作为重要的参考因素。

其次，可以参考该作品的市场价值。在信息对称的市场经济下，一幅作品的艺术价值，完全可以由愿意为它买单的买家通过交易对价用最直观的方式反映出来。正因为类似的原因，在判断某项发明专利是否具有创造性时，如果用常见标准难以判断，那么，就可以参考这项技术方案是否在商业上获得成功，因为这一方面反映了技术方案并非显而易见，另一方面也反映了该方案具有突出的实质性特点和显著的进步。遵循同样的逻辑，当一幅看似平淡无奇的涂鸦，取得不俗的交易价格时，我们就完全有理由相信它的表达上存在虽然暂时不能为我们所理解，却绝对不可视而不见的"独创性"。

目 录

第一章 影视中的著作权问题 / 001

  电影中可以使用他人设计的字体吗？ / 003

  "诡异"的署名权 / 009

  综艺节目的模式受著作权法保护吗？ / 013

  相似电影海报涉嫌侵权吗？ / 019

  《星际迷航》中的外星人语言受版权保护吗？ / 027

  影院掐片尾"彩蛋"涉嫌侵权吗？ / 029

  改编电影作品仍需原著作者同意 / 031

  影视剧中使用毕加索作品构成侵权吗？ / 035

  电影海报使用他人动漫形象的著作权风险 / 039

  "如有雷同，纯属巧合"的声明管用吗？ / 046

  如何正确理解"保护作品完整权"？ / 048

  如何用合同约定著作人身权？ / 054

第二章 动漫游戏中的著作权问题 / 057

  游戏画面受著作权法保护吗？ / 059

  游戏 APP 中的人物形象被侵权了怎么破？ / 068

  把二维动漫人物制成毛绒玩具侵权吗？ / 072

  游戏攻略使用游戏画面属于"合理使用"吗？ / 076

  游戏外挂侵犯他人著作权吗？ / 083

  创意积木玩具版权如何保护？ / 087

游戏规则一定不受法律保护吗？　／ 090

"翻船体"流行凸显版权意识"翻船"　／ 092

第三章　体育比赛和娱乐新闻中的著作权问题　／ 095

"创意跑步路线图"是作品吗？　／ 097

如何保护体育比赛的直播权？　／ 101

另类拍摄的新闻照片受著作权法保护吗？　／ 112

小议娱乐新闻的两个版权认识误区　／ 116

第四章　艺术中的著作权问题　／ 121

艺术品原件拍出天价是因为著作权吗？　／ 123

"从摄影到油画"的临摹是侵权吗？　／ 126

"纹身"上的版权　／ 136

"创意"受著作权法保护吗？　／ 139

沙画画面受著作权法保护吗？　／ 150

美甲图案构成作品吗？　／ 153

影子有版权吗？　／ 155

书法作品如何保护？　／ 160

"猫咪音乐"是音乐作品吗？　／ 163

全息影像技术中的著作权问题　／ 176

第五章　流行文学中的著作权问题　／ 179

"同人创作"涉嫌著作权侵权吗？　／ 181

谈谈"洗稿"那些事儿　／ 184

趣谈《红楼梦》中的食谱与知识产权　／ 192

互联网时代版权保护的十八般技艺　／ 196

第一章

影视中的著作权问题

电影中可以使用他人设计的字体吗？

据报道，因认为电影《九层妖塔》未经授权在影片中使用其创作的"向佳红书法字体"，侵犯了其享有的字体版权，原告向某将影片的制作方梦想者公司等诉至北京市朝阳区人民法院。向某诉称，影片中被采用字体为"鬼""族""史""华""夏""日""报"共7个字，要求法院判令被告连带支付原告版权使用费用50万元，在报刊及网络媒体中公开道歉，并连带赔偿原告精神抚慰金1万元。

事实上，关于字体的版权，这已经不是第一次发生纠纷了。在实践中，更为常见的是因为计算机单字字体而引发的纠纷。

尽管计算机字库中的单字是否构成独立的作品在理论界存在激烈的争议，至今仍未达成一致，但是在司法实践中已经趋于意见统一，即不排斥单字的版权属性。认可单字版权属性的理由，一般是对涉案单字进行了作品构成方面的个别分析。例如，在"百味林"案中，南京市中级人民法院指出，涉案争议的百味林所使用的方正喵呜体中"苏、式、话、梅、盐、津、橄、榄、半、李"10个字具有鲜明的艺术风格，每个单字都凝聚着设计者的智慧和创造性劳动，具有独特的艺术效果和审美意义，达到著作权法意义上的美术作品独创性的要求。除了认可计算机单字的版权，很多法院开始在实践中探索、总结单字构成版权的标准。例如，在"青蛙王子"案中，江苏两级法院在审判的基础上对单字独创性的认定形成了成熟的标准，认为根据汉字独有的文化传统及字库行业的发展需求，可以适用我国现有著作权法体系给予字库单字著作权保护，但应当采取折中主义的保护标准，即因字库字体同时兼具审美性与实用工具性的双重属性，故只有体现较高独特的审美并能够与已有字体明确区分开来的字库单字，才有可能被认定为美术作品给予著作权保护。这意味着对字库字体独创性的要求，应当显著高于一般作品。

【典型案例】①

　　..........

　　上诉人北京汉仪科印信息技术有限公司（以下简称"汉仪公司"）因与上诉人青蛙王子（中国）日化有限公司（以下简称"青蛙王子公司"）、上诉人福建双飞日化有限公司（以下简称"双飞公司"）、原审被告苏果超市有限公司（以下简称"苏果超市"）侵害著作权纠纷一案，不服江苏省南京市中级人民法院（2011）宁知民初字第59号民事判决，向本院提起上诉。本院于2012年3月28日受理后，依法组成合议庭，于同年4月24日公开开庭审理了本案。上诉人汉仪公司的委托代理人顾晓宁、王佩佩，上诉人青蛙王子公司、双飞公司的共同委托代理人曹义怀，原审被告苏果超市的委托代理人陈耿到庭参加诉讼。本案现已审理终结。

　　汉仪公司一审诉称：其成立于1993年，是中国最早的专门从事研究、开发和销售数字化中文字体的高新技术企业。汉仪公司于1998年12月26日创作完成了美术作品汉仪秀英体（简、繁）字体，并于1999年3月23日在北京首次发表，汉仪公司对该美术作品依法享有著作权。该作品经著作权登记，登记号为2009-F-020548。近来，汉仪公司发现双飞公司、青蛙王子公司在其注册商标中，未经许可使用汉仪公司享有著作权的秀英体，并在其生产、销售的产品上，使用该注册商标。为此，汉仪公司的委托代理人在位于南京市栖霞区学衡路上的苏果超市亚东新城购物广场以普通消费者的身份购买了由双飞公司、青蛙王子公司共同生产、销售的"城市宝贝""青蛙王子"儿童护肤系列产品，并当场取得了盖有"苏果超市有限公司发票专用章"的"苏果超市有限公

---

① 北京汉仪科印信息技术有限公司与青蛙王子（中国）日化有限公司、福建双飞日化有限公司、苏果超市有限公司侵害著作权纠纷案（二审）：江苏省高级人民法院（2012）苏知民终字第0161号民事判决书（节选）。

司工商业统一发票"一张，江苏省南京市石城公证处对整个购买过程进行了证据保全公证。该系列产品上使用的注册商标"城市宝贝"分为三类，最早申请注册时间始自 2003 年，广泛使用于其生产的 100 多件产品及包装上。双飞公司、青蛙王子公司生产使用"城市宝贝"商标的产品，销售范围广、销量巨大、侵权时间持续长，给汉仪公司造成了巨大的损失。请求判令双飞公司、青蛙王子公司：1. 立即停止使用侵犯汉仪公司著作权的"城市宝贝"注册商标；2. 在媒体上公开赔礼道歉；3. 赔偿汉仪公司经济损失人民币 50 万元，及为制止侵权所支出的相关费用，承担本案的诉讼费；4. 判令苏果超市停止销售侵权产品。

　　……

　　本院认为……《中华人民共和国著作权法实施条例》第二条对"作品"有明确的定义，即著作权法所称作品，是指文学、艺术和科学领域内具有独创性并能以某种有形形式复制的智力成果。第四条第（八）项规定：美术作品，是指绘画、书法、雕塑等以线条、色彩或者其他方式构成的有审美意义的平面或立体的造型艺术作品。

　　汉字在中华文化的发展中发挥了非常重要的作用，其演变经历了几千年的漫长历程，经历了甲骨文、金文、篆书、隶书、楷书、草书、行书等阶段。汉字系由象形文字（表形文字）演变成兼表音义的意音文字，但总的体系仍属表意文字。所以，汉字具有集形象、声音和辞义三者于一体的特征。这一特征在世界文字中是独一无二的，明显区别于目前在世界范围内广泛使用的西文等其他字体，在中华民族的历史上留下了十分丰富的书法作品，成为中华民族的独特的文化瑰宝。优秀的书法作品能够体现作者独特的个性和审美，引起人们美妙的联想，给人以美的享受。这说明汉字字型具有很大的创作空间。美术字体的创作虽然与书法字体有所不同，但同样存在较大的创作空间，亦属于以线条、色彩等方式构成的具有审美意义的造型艺术作品。字库中的单字设计，每个字的最终定型，都是设计人员根据自己的设计理念，选择、取舍、判断、综合的结果，体现了设计人员的智力创造。

　　涉案秀英体字库的单字经过字体创意、字形设计、扫描和曲线合成、扩展创作、创作符号、字形审定、二次创作、格式转换、测试校对等几个步骤。其中两千多个基本单字是经过字稿设计、扫描合成，再经过字形审定、修改，还有可能进行二次创作，以及最终进行的测试校对等步骤。其余的单字是通过拼字创作完成的，但同样要经过字形审定、修改，也有可能进行二次创作，以及最终进行的测试校对等步骤。需要注意的是，拼字完成的单字并不是简单的拼合，需要设计者根据其对字体风格的理解和对单字字形特点和结构特征的理解，逐一进行设计。比如涉案的"城"字是通过单字"成"和"圩"中的土字旁所拼成，但二者的比例以及笔画之间相互的配合需要经过设计者不断调整，以达到单字本身美观，并与字库其他单字在整体上协调统一的效果。所有字形的最终确定都是以显示为文字、符号的图像为载体，虽然该图像是数字化的形式，但同样是创作者以美术作品为基础所完成的智力成果。这种方式利用计算机工具完成，与传统纸笔完成创作只是随着新技术发展而在使用工具上有进一步的发展，其本质并无不同。

虽然字库中的字体字型是由字型原稿经数字化处理后和由人工或计算机根据字型原稿的风格结合汉字组合规律拼合而成，以相应的坐标数据和函数算法存在。但这种数字化的存储和复制方式，并不能改变其美术作品的性质。其在输出时经特定的指令调用、解释后，仍还原为相应的字型图像。这种数字化的形式更方便复制，但不能因此而否认字体单字可能成为美术作品的属性，计算机技术的运用并未改变其本质。如同游戏软件一样，虽然其是以数字化的程序形式存在，但其运行的某些画面在符合著作权法的独创性要求的情况下，仍可作为美术作品予以保护。因此，在满足独创性要求的前提下，字库中的单字属于著作权法规定的美术作品，应受法律保护。

但需要特别指出的是，鉴于字库字体本身同时兼具审美与实用工具的双重特性，字库字体创作的目的是满足计算机使用汉字的需要，因此，字库字体属于作品性和工具性紧密结合的智力成果，在将字库字体作为美术作品进行保护时，其独创性应当具备较高的独特审美的要求，亦即获得保护的字库单字，应当明显有别于已有的公知字体。一般的美术字如果系手工独立完成，即应认定为独创性美术作品，而字库字体的独创性要求则不能等同于一般美术字。且对运行字库软件输出的单字是否具有独创性应当逐一进行判断。如果字库单字的保护标准确定得较低，有可能很难将其与已有字体区分，造成混乱状况，妨碍公众对已有字体工具的正常使用，阻碍对文化的传播。故只有体现较高独特审美，并能够与已有字体明确区分开来的字库单字才有可能被认定为美术作品加以保护。

如前所述，秀英体字体具有鲜明的特征：横竖笔画粗细基本相同，笔画两端为圆形，点为心形桃点，短撇为飘动的柳叶形，长撇为向左方上扬飞起，捺为向右方上扬飞起，折勾以柔美的圆弧线条处理，折笔画整体变方为圆。涉案秀英体四字具备秀英体上述鲜明的特征，其表现的形态与公知领域的美术字的基本笔画相比具有鲜明特色，符合较高独特审美的独创性要求，应受法律保护。

需要注意的是，字库整体是字型原稿经数字化处理后由人工或计算机根据字型原稿的风格结合汉字组合规律拼合而成，以相应的坐标数据和函数算法存在。字库中字体文件的功能是支持相关字体字型的显示和输出，其内容是字型轮廓相关数据及构建指令与字型轮廓动态调整数据及指令代码的结合，其经特定软件调用后产生运行结果，因此，应当认定其是为了得到可在计算机及相关电子设备的输出装置中显示相关字体字型而制作的由计算机执行的代码化指令序列，属于《计算机软件保护条例》第三条第（一）项规定的计算机程序，系软件著作权法意义上的作品，并非简单的单字字型的汇编合集。因此，一审判决以字库艺术风格整体协调统一，一种书体的字库区别于其他书体的字库，进而认定字库整体也是一部美术作品，忽视了字库整体系计算机程序这一重要特性，同时也混淆了字库整体与字库经解释执行后显示的单字字体字型的关系，进而影响了对字库性质的认定，应予纠正，但这并不影响本案对涉案字体单字构成美术作品的认定。

....

一审判决认定事实清楚，适用法律正确，应予维持。依照《中华人

民共和国民事诉讼法》第一百五十三条第一款第（一）项的规定，判决如下：

驳回上诉，维持原判决。

....

"诡异"的署名权

《著作权法》第 15 条规定,电影作品和以类似摄制电影的方法创作的作品的著作权由制片者享有,但编剧、导演、摄影、作词、作曲等作者享有署名权。那么,在一般的法律实践中如何理解署名权呢?

署名权,是指作者有权在自己创作的作品上选择署名方式,从而向公众表明自己和作品的创作关系的一种法定权利。和一般公众理解的含义不同,署名权不但意味着作者可以在作品上署真名,还意味着作者可以在作品上署笔名、假名甚至不署名的权利。

例如,某位小说家用新的笔名给出版社寄出了一份稿件,出版社在决定出版后,认为这个新笔名影响力太小,遂自作主张更换为该小说家原来影响力较大的笔名,这种未经许可的行为就构成了对小说家署名权的侵害;又如,某位诗人向某个杂志投递了一首诗作,杂志社经审稿后决定刊用,但发现稿件没有署名,遂自作主张将投稿人姓名署上,如果这种未经许可的行为违反了作者"匿名"的署名意愿,同样构成对诗人署名权的侵害。

署名权是著作权中非常重要的一项权利,在性质上与发表权、修改权、保护作品完整权同属著作人格权。由于署名权反映了最为基本的人身指向性,因此对署名权的保护贯穿了著作权的始终。例如,即使某个电影公司获得许可改编某部小说,也必须在电影中显著标明"根据某作者某部小说改编"。又如,在法定的 12 种合理使用的情形中,使用他人作品可以不经著作权人许可,不向其支付报酬,但应当"指明作者姓名、作品名称",换言之,即使合理使用也不得妨害作者的署名权。

然而这种规定不是绝对的。《著作权法实施条例》第 19 条规定,使用他人作品的,应当指明作者姓名、作品名称,但是当事人另有约定

或者由于作品使用方式的特性无法指明的除外。实践中，对于署名方式有事前约定的一般争议不大，容易产生纠纷的是没有约定的情况，此时使用作者作品又不署名的一方往往会主张这种不署名的行为是"由于作品使用方式的特性无法指明"，从而抗辩作者对署名权的主张。那么，何为"由于作品使用方式的特性无法指明"呢？在现实中，由于通常观念或行业习惯，有些作品并不适宜署作者姓名，例如钻石雕刻工艺者，很多情况下并不把自己的姓名刻在作品之上。正是基于这一考虑，在司法实践中，很多法院也认可了使用他人作品不署名并非一概构成对他人署名权的侵犯，而是要考虑是否符合相关行业的一般习惯。例如，在"郑某等诉博洋公司侵害著作权"案中，法院指出，按照行业习惯，床上用品图案一般不标注作者名字，因此被告未侵犯郑某对涉案作品的署名权。

值得注意的是，所谓的"行业习惯"仅仅是法官裁判的参考因素，并不绝对，而且被告的行为不能与自己的主张自相矛盾。例如，某公司专业制作铁制器皿，使用他人的美术画作为器皿上的主要装饰，该公司在铁瓶上显著位置刻写了自己的公司名称，但却以极小的字体标明作者姓名，而且放在极不显眼、难以看到的位置。那么，这种行为，虽然标明了作者姓名，仍然涉嫌侵犯作者的署名权。因为作者署名权的本质在于不能不合理地侵害作者公开表明与作品创作关系的权利。铁瓶制造商既然已经在器皿上署名了作者姓名，就已经用自己的实际行为推翻了"由于作品使用方式的特性无法指明"的抗辩可能性，而且也说明这并不是行业习惯，同时制造商将自己的公司名称以较大字体和显著位置标注，却将作者姓名以较小字体标注在不易看到的位置，这种对比本身就说明制造商不愿公开作者与原作品的关系，因此也涉嫌构成一种对署名权的侵犯。

此外，必须指出，除了法定例外情形外，使用他人作品并署名是使用者的法定义务。实践中，很多网站或者微信公众号在使用他人作品时，往往会附加"本文章来源于网络"或者"本文未署名，如果作者认为侵犯了您的权利，请和编辑联系删除"等免责声明，事实上，这些声明在法律上都是无效的。首先，使用他人作品需要表明作品来源，这种来源指的是要表明原作者的姓名、作品名称等重要信息，即使有些信息难以查到，也并不构成可以侵害他人署名权等著作权的理由；其次，使用他人作品就有查明作者姓名并联系获得许可、支付报酬的法定义务，而不能借口不知晓作者或者无法联系就可以任意侵权，反而要求作者主动与其联系，这种逻辑显然是站不住脚的。

【典型案例】①

郑某为美术作品《招财童子拜年系列之拜年童子1》的作者，其与辽宁沈阳治图公司约定，该作品著作财产权归属于沈阳治图公司，郑某保留著作人身权。该作品主要内容为1名男童与1名女童以新郎新娘的装扮共同手执红绣球相视而笑。浙江宁波博洋公司生产的床上用品四件套"情定三生"上印有1名男童与1名女童以新郎新娘的装扮共同手执红绣球相视而笑的图案。经比对，两图案差异之处为：涉案作品新郎眼睛为一根线条勾勒，涉案商品中则是圆眼；新郎帽翅图案不同；新郎帽檐图案颜色不同；新郎服装底部花纹不同；新娘凤冠有几处颜色不同；新娘服装底部花纹不同等。除上述细节外，两者的构图、人物比例、线条等基本相同。沈阳治图公司认为宁波博洋公司的行为侵害其对涉案作品享有的复制权、发行权；郑某认为侵害其对涉案作品享有的署名权、修改权及保护作品完整权，请求法院判决宁波博洋公司赔偿损失、赔礼道歉、消除影响。②

....

一审中，上海市浦东新区人民法院认为，涉案商品上所使用的图案与涉案作品两者已构成实质性相似，构成侵害复制权、发行权。按照行

---

① 郑某等诉宁波博洋公司侵害著作权申请再审案：上海市高级人民法院（2013）沪高民三（知）申字第27号民事判决书（节选）。

② 徐卓斌. 侵害署名权、保护作品完整权和修改权之认定——上海高院裁定郑某等诉宁波博洋公司侵害著作权申请再审案［N］. 人民法院报，2014-04-03.

业习惯，床上用品图案一般不标注作者名字，因此被告未侵犯郑某对涉案作品的署名权；宁波博洋公司侵害了郑某对涉案作品的修改权；宁波博洋公司修改行为情节轻微，尚未对郑某造成严重不利后果，未侵害其保护作品完整权。因此对郑某赔礼道歉、消除影响的诉请不予支持。判决宁波博洋公司停止生产销售涉案商品、赔偿沈阳治图公司经济损失及合理开支合计 70 270 元。判决驳回郑某的诉讼请求。上海市第一中级人民法院二审维持原判。随后郑某申请再审，上海市高级人民法院裁定驳回再审申请。

综艺节目的模式受著作权法保护吗？

据媒体报道，2016年，"中国好声音"荷兰原版 The Voice of Holland 的版权方 Talpa 公司在我国香港提出诉讼，禁止被告灿星公司制作及播放《中国好声音》第五季节目。灿星公司则回应：Talpa 公司违背国际惯例索要高达每年数亿元人民币的天价模式费，继而单方面撕毁合同，宣布取消中国好声音节目原有的授权，并拟将 The Voice of Holland 的节目模式转授给他人。灿星公司表示，中国好声音节目品牌属于灿星公司与浙江卫视共同拥有，若对方单方毁约，灿星公司则保留自主研发、原创制作"中国好声音"节目的权利。

看罢上述新闻，业内人士都会感到深深的困惑：所谓的"节目模式"，就是著作法中的"思想"，"思想不受保护"早已是著作法的基本原则，为何至今还能有人可以垄断"思想"，而另外一些人还会为引进"思想"高价付费，并且在一次购买后还会每年持续付费，而且为失去购买"思想"的机会而不平？在上述报道中，灿星公司所付费购买的 The Voice of Holland 的节目模式，究竟是什么性质的内容？

如果仔细考察综艺节目的所谓"模式"，我们就不难发现，常见于媒体报道和商业合同中的"综艺节目模式"，其所指代的内容并不是著作权法上的"模式"，实为"综艺节目剧本"，这是产生误会和分歧的根本原因。

在著作权法上，所谓节目模式（模板）属于创造性的想法和构思的范畴，是指以某种形式固定下来的一系列节目元素所组成的特定节目框架，这里的节目多指系列型的电视综艺节目。以风靡全国的"非诚勿扰"为例，其模式大致为由十几名女嘉宾和分别登场的男嘉宾进行互相选择，确定是否能够成功牵手，还包括才艺展示、相互交流提问、亮灯

灭灯选择等主要环节。

综艺节目从层面上可以分为两个部分：一是宏观层面上的节目模式，对这一层面的模仿不受著作权法约束，因为创意、主旨、思路是不受著作权法保护的"思想"；二是具体实施、支撑节目模式的各类细节，包括原创性的音乐、舞台美术设计、独创性的台词等，这一层面的原创性内容受到法律保护。但是，克隆节目模式的一方一般重在模仿创意而鲜有直接抄袭他人道具、服装、台词、音乐、舞台美术设计等微观节目元素的情形，往往是加以变化以便绕开"表达相同或相近"的约束。众所周知，节目模式的价值在于其模式创意，而开发电视节目最为困难之处也在于此。节目模式一旦确定，就有多种表达形式可供选择，他人剽窃创意实质上就是在剽窃构思，对于表达形式只要任选一种，只要与模式创意的原始表达形式不同就可以凭借"思想表达二分法"的原则绕开著作权法的约束。例如在北京某公司"面罩节目"著作权案中，原告推出了一个探讨"性"的节目，设计了40多个漂亮的面罩供节目嘉宾佩戴，从而使节目具有了鲜明的特色，其精髓之处在于对节目嘉宾隐私的保护，而具体如何设计面罩和佩戴方式又是多种多样的，因此被告很容易凭借具体面罩设计、使用等细节的不同来有效抗辩原告的著作权维权主张。

正是这一原因，综艺节目模式很有价值但无法受到著作权法保护已经在理论和实务中达到很高程度的共识，而北京市高级人民法院也在《北京市高级人民法院关于审理涉及综艺节目著作权纠纷案件若干问题的解答》中这样阐述，"综艺节目模式是综艺节目创意、流程、规则、技术规定、主持风格等多种元素的综合体。综艺节目模式属于思想的，不受《著作权法》的保护。综艺节目中的节目文字脚本、舞美设计、音乐等构成作品的，可以受《著作权法》的保护"。换言之，综艺节目中，属于思想范畴不受著作权法保护，一般理解是指尚未进行细化处理的单纯创意，而综艺节目中的节目文字脚本、舞美设计、音乐等构成作品的，受著作权法保护。显而易见，在著作权法上，人们对于综艺节目模式的一般意义的理解，是指其节目创意、流程、规则、技术规定、主持风格，而一般不包括节目文字脚本、舞美设计、音乐等构成元素。从某种程度上说，电视综艺节目模式主要表现为一种特定的类型和风格。但是正如第一个交响曲的作曲者不能垄断这种音乐形式一样，某个电视综艺节目的制作者也不能垄断这种节目模式，因为著作权法不支持创造者对思想的垄断。正是这个原因，电视综艺节目模式创意的著作权保护在世界范围内鲜有成功的案例。

既然综艺节目模式不受著作权法保护，为什么很多国外公司又在大量对外销售"综艺节目模式"并且每年取得海量的商业利润呢？难道这些购买者不懂著作权法吗？答案是，这些热销的"综艺节目模式"其实并不仅仅是版权意义上的"节目模式"，更确切地说，其实是"综艺节目剧本"。在娱乐圈，一份典型的"综艺节目模式"销售合同，事实上包括销售方相关综艺节目的文字脚本、制作宝典、节目大纲、分镜头剧本，同时会对购买方提供相关的咨询、培训等服务，而购买方则根据合同购买到的文字脚本、制作宝典、节目大纲、分镜头剧本来具体组织己方综艺节目的拍摄。由此可见，所谓的"综艺节目模式"的买卖或者许可，已经远远超越了"综艺节目模式"本身的范畴，实际上包含了具体实施"综艺节目模式"的诸多版权细节，实为"综艺节目剧本"。

明白了这一原因，我们就能够理解，"综艺节目剧本"受到著作权法保护，但"综艺节目模式"本身（著作权意义上的）并不受到著作权法保护。仍以"非诚勿扰"综艺节目为例，如果不涉及对其具体细节的抄袭（如主持人串词、舞美设计、音乐等构成元素），仅仅是对其框架、流程、规则的模仿、借鉴，则并不涉及对著作权的侵害。同样，一些综艺节目中的创意、思路是不受著作权法保护的"思想"，因此，同样可以自由借鉴、应用。例如，在音乐真人选秀节目中经常出现的"盲听盲选"的转椅桥段，实为一种非常新颖、客观和充满想象力的创意，同样不受著作权法保护，完全可以自由借鉴（但不能抄袭具体细节表达）。

【关于综艺节目模式著作权的解答】[①]

1. 如何理解本《解答》中的综艺节目?

答:本《解答》中的综艺节目,主要是指以娱乐性为主的综合性视听节目,包括但不限于婚恋交友类、才艺竞秀类、文艺汇演类等类型。

综艺节目可以区分为现场综艺活动和综艺节目影像。

本《解答》仅对综艺节目影像作出相关规定。

2. 如何认定综艺节目影像在《著作权法》上的性质?

答:综艺节目影像,根据独创性的有无,可以分别认定为以类似摄制电影的方式创作的作品或录像制品。

现场综艺活动是否构成作品的判断与综艺节目影像是否构成作品的判断互不影响。

3. 如何判断综艺节目影像是作品还是制品?

答:综艺节目影像,通常系根据文字脚本、分镜头剧本,通过镜头切换、画面选择拍摄、后期剪辑等过程完成,其连续的画面反映出制片者的构思、表达了某种思想内容的,认定为以类似摄制电影的方式创作的作品。

综艺节目影像,系机械方式录制完成,在场景选择、机位设置、镜头切换上只进行了简单调整,或者在录制后对画面、声音进行了简单剪辑,认定为录像制品。

4. 如何确定综艺节目影像的著作权及相关权利归属?

答:如无特别约定,根据《著作权法》第15条第1款之规定,制片者享有综艺节目影像的著作权;或者根据《著作权法》第24条第1款之规定,制作者享有综艺节目影像的录像制作者权。

5. 综艺节目影像作品中,可单独使用作品的著作权应如何行使?

[①] 依据北京市高级人民法院《关于审理涉及综艺节目著作权纠纷案件若干问题的解答》(以下简称《解答》)。

答：综艺节目影像中的音乐、舞蹈、演说、戏剧、杂技等，符合《著作权法》相关规定的，可以单独构成作品。

除法律另有规定外，摄制综艺节目使用音乐、舞蹈、演说、戏剧、杂技等作品的，应当取得该作品著作权人的许可。

如无相反约定，可单独使用作品的著作权人就他人使用综艺节目影像作品中单个作品的行为主张财产性权利的，不予支持。

6. 综艺节目影像作品中，表演者权应如何行使？

答：除法律另有规定外，摄制综艺节目使用表演者的表演的，应当取得表演者的许可。

如无相反约定，表演者就他人使用综艺节目影像作品中的表演的行为主张财产性权利的，不予支持。

7. 综艺节目影像制品中，可单独使用作品的著作权、表演者权及录音录像制作者权应如何行使？

答：除法律另有规定外，录像制作者使用音乐、舞蹈等作品，表演者的表演，录音录像制品制作综艺节目的，应当取得作品著作权人、表演者、录音录像制作者的许可。

如无相反约定，可单独使用作品的著作权人、表演者、录音录像制作者就他人使用综艺节目影像制品中的单个作品、表演、录音录像制品的行为主张权利的，予以支持。

8. 如何认定未经许可使用综艺节目影像片段的行为？

答：除法律另有规定外，未经许可以编辑整理或以其他方式使用综艺节目影像的部分内容的，构成对综艺节目影像著作权或相关权利的侵犯。

9. 未经许可在网络上传播综艺节目影像构成侵权的，如何酌定赔偿数额？

答：综艺节目著作权网络侵权案件的损害赔偿，在适用酌定赔偿时，可以考虑以下因素：①综艺节目的自身情况。包括综艺节目的类型、制作成本、收视率、许可使用费用或转让费用等。②侵权行为的具体情况。包括侵权时间，比如是否在节目热播期内传播、侵权行为的方式，比如是否是实时转播行为或者是否提供下载、侵权持续时间、侵权人使用节目的数量、侵权人的主观过错等。

有证据能够证明权利人的实际损失或侵权人的违法所得明显高于《著作权法》规定的50万元的法定赔偿数额，可以根据具体情节酌定赔偿50万元以上的赔偿数额。

10. 综艺节目模式是否受《著作权法》的保护？

答：综艺节目模式是综艺节目创意、流程、规则、技术规定、主持风格等多种元素的综合体。综艺节目模式属于思想的，不受《著作权法》的保护。

综艺节目中的节目文字脚本、舞美设计、音乐等构成作品的，可以受《著作权法》的保护。

11. 如何认识综艺节目模式引进合同的性质？

答：综艺节目模式引进合同涉及著作权许可、技术服务等多项内容，其性质应依据合同内容确定。

相似电影海报涉嫌侵权吗？

近年来，文化消费领域似乎充斥着各种近似产品：有人抄袭了别人的电视剧，有人模仿了别人的综艺节目，有人复制了春节联欢晚会的服装……现在，又有网友指出，还有大量的相似电影海报。例如，红透 2015 年清明小长假的 3D 动作战争电影《战狼》，由著名功夫巨星吴京自导自演，票房很高，但见多识广的网友指出，《战狼》的一款海报与另一部美国大片《美国狙击手》"撞脸"了。2014 年年底，《战狼》发布了三款主题海报，其中一款海报上，主演吴京身穿军装侧脸面对镜头，海报以灰色为基调，左下角飘扬着一面鲜艳的国旗，意图向众人传达军人的爱国信仰。立意虽佳，但有网友指出，这款海报与美国导演克林特·伊斯特伍德执导的大片《美国狙击手》的海报在构图、颜色上都很相似。那么，此种情形的电影海报，究竟是对他人的侵权复制，还是合法地借鉴他人的独立创作呢？

左：《战狼》海报　　右：《美国狙击手》海报

一、电影海报是一种融合了摄影、构图、绘画元素的美术作品

海报又名"招贴"或者"宣传画",属于户外广告的一种,分布在影剧院、展览会、车站、公园等各种公共场所。在我国,海报这一名称,最早起源于上海。旧时在上海,通常把职业性的戏剧演出称为"海",而把从事职业性戏剧的表演称为"下海",因此,作为剧目演出信息的具有宣传性的招徕顾客的张贴物便被人们称为"海报"。在海报的诸多类型中,电影海报是常见的一种形式,主要通过选取电影剧情中具有强烈冲击力的剧照或者单独拍摄一张或者若干张剧照(非剧情中的),再配以其他文字、色彩,通过构图设计,实现抓住观众眼球的目的。

尽管电影海报的组成元素主要是剧照,但是对于多数电影海报而言,其构成元素包含剧照、绘画、图形、色彩和文字,因此从作品类型而言更接近于我国著作权法中的"美术作品",即"以线条、色彩或者其他方式构成的具有审美意义的平面造型艺术作品"。一幅优秀的电影海报,其市场价格有时非常高昂。据报道,德国科幻电影《大都会》的海报曾于2005年开出售价69万美元并被人买走,而7年之后,这幅海报又重出江湖并挂出了85万美元的价格。可见,经过精心设计的电影海报,其市场价值非常可观。

二、海报中的创意设计不是著作权保护的客体

创意是指具有创造性的想法和构思,俗称点子、主意、策划等,是创意人将构思的"胸中之竹"转化为"手中之竹"的重要过程,属于"思想"范畴。而在著作权法中,有一条基石性的原则,就是"思想与表达二分法",指的是著作权法只保护作品的表达而不保护表达所体现的思想。可以看出,在著作权法的视野中,创意并不是法律所要保护的客体,而只有创意的表达才是法律所要保护的客体。那么,什么是创意?什么又是创意表达呢?

以本文开头举的《美国狙击手》海报为例,其创意在于通过身着

军装的主角，配以迎风飘扬的国旗，传达出军人的铁血精神和对国家的奉献精神。显然，从表达的思想和创意而言，《战狼》的确可能借鉴了《美国狙击手》，因为海报上同样是吴京扮演的中国军人的持枪坚毅表情配以迎风飘扬的中国国旗。但是，正如前文所言，就宏观的创意而言，即使相同或者近似，也没有侵犯著作权。

三、海报中创意表达的近似比对

电影海报是否侵权，重点在于其中画面具体表现形式是否构成对他人作品的相同或者近似。仍以《美国狙击手》海报为例，由于该海报是典型的"剧照中心"设计，因此对海报画面的比对主要是对两幅剧照的比对。两幅剧照是否构成相同或者近似呢？

对于两幅剧照而言，假定《美国狙击手》剧照的公开发表在前，那么《战狼》剧照的设计者有可能接触并模仿，那么，这是否就意味着二者一定构成著作权法上的相同或者近似呢？

对于这样的问题，如果仅仅从司法实践中的既有规则可能得出不合理的结果。例如，根据著作权侵权判定的"接触加实质性相似"的规则，这个例子中的在后设计者事先有很大可能接触过在先作者的作品，而且也采取了类似的创作方法进行创作，由于拍摄对象的相似性，从而拍出的照片必然存在不同程度的相似性。然而，如果据此就判定都是侵权，是否合理呢？如果判定在后拍摄者构成侵权，实质上就是在向公众传递一个信号，凡是构成摄影作品的拍摄对象、图景、构图，作者就取得了对相应画面的垄断权，对此，明显构成对公众创作的垄断，不符合著作权法激励创新的公益价值理念。那么，应当如何合理确定摄影作品的独创性和侵权判定的边界呢？

《著作权法实施条例》第4条规定，摄影作品，是指借助器械在感光材料或者其他介质上记录客观物体形象的艺术作品。摄影作品的独创性，是指作者在拍摄过程中根据所拍摄产品的不同特性，选取了不同的场景、角度、光线和拍摄手法，体现了作者的创造性劳动，并非简单的、机械性的记录过程。具体来说，一部摄影作品的独创性可以体现为

摄影技巧的展示、拍摄时机的选取、摄影者的个性化安排等。然而，即使是最一般的照片，其成像过程也是拍摄者带有个性化选择的结果（构图、角度、光线和拍摄手法等方面的个性化判断和选择），因此，事实上，司法实践中鲜有因为摄影作品独创性太低而被判不构成作品的案例，例如有的法院在判决中认可即使是对汽车零件的客观摄影也可以构成作品。基于目前摄影作品的独创性标准较低的现状，笔者认为，要慎重判定同一场景或同一对象的照片间侵权的认定。原因很简单：在摄影作品独创性较低的现实前提下（如果没有明确的立法修订或者权威性的司法判例指引，这一现状难以改变），如果轻易认定同一场景或同一对象的照片间的侵权，就会导致先拍摄某个场景或者对象的作者垄断了与之相关的一切拍摄创作。我们知道，著作权法保护的是照片的表达而不是思想，某个人在泰山发现了流星雨并用相机拍摄下来，并不意味着其他人不能站在类似的位置拍摄同样的场景，因为"流星雨"属于人类认识的对象而不是创造的对象，如果禁止他人拍摄同样的"流星雨"实质上属于突破了"思想表达二分法"的基本原则而将思想也加以保护。那么，具体应当如何掌握相同表现对象照片间的侵权比对标准呢？

参照美国同类案件的标准，可以将摄影作品概括为呈现型、抓拍型及主题创作型三种类型，从而给予不同程度的版权保护。

（1）呈现型：未创造出某个场景，仅是通过对拍摄角度、打光、阴影、曝光、效果、滤镜等技术手段的运用对客观呈现的对象进行拍摄而获得的智力成果。例如，在某个时间点站在泰山某个山峰从某个角度拍摄日出。

（2）抓拍型：此类照片生成于摄影师在适当的时间、适当的地点按下了快门，这样的照片也可以被认为是具有独创性的。比如一名国外的摄影师在阿拉斯加的卡特迈国家公园中捕捉到了这样的画面：一条鲑鱼纵身跃进了一头棕熊张开的嘴里。

（3）主题创作型：表现为一个场景或主题是由摄影师创设的，例如在 ross v. Seligman 案中，摄影师雇用了一名模特，摆出了特定的造型并拍摄了一张照片，并将该照片的著作权转让给了他人。尔后，这名摄影师又雇用了同一名模特,以完全相同的姿势拍摄了一张照片,唯一的区别仅在于后一张照片中模特的唇齿间多了一颗樱桃。

笔者认为,对于"呈现型"和"抓拍型"照片而言,在先拍摄者不能阻止在后的作者针对类似场景或者同样场景拍出同样的照片,因为摄影作品所保护的并不是"其中所反映的客观存在的具体景观和事物"(参见"易荣猷"案判决)而是对这些客观事物的摄影表现(理论上世界上没有相同的两片树叶,因此不同的拍摄参数的选择,即使针对同样的景物也不可能拍摄出两张相同的照片,必然在表现力和艺术境界上能够区分),因此,考虑到作者权益和公众利益的平衡,为了防止在先创作者垄断客观事物的"发现",不应阻止在后创作者对同样对象的拍摄创作。正如 *SHL Imaging Inc. v. Artisan House Inc.* 案中法官认为的那样,"原告不能阻止他人使用相同的架构,或使用相同的打光技术以及蓝天在镜子中的折射来获得成像。原告作品的独创之处在于精准的打光、相机架设的角度、镜头及滤镜的选取。独创性的基础在于经过这些人工智力选取而最终呈现的效果"。此外,对于"呈现型"和"抓拍型"照片,其艺术价值更多地在于摄影者本人的运气和技巧。例如在泰山某个角落苦等大半夜终于等到云霞流动,从而选取一个刁钻的角度拍出惊世的日出之作以及在原始森林等候数月之久终于拍摄到了野猪和黑熊争斗的照片,事实上在后创作者能够进行模仿拍摄的概率并不是很高。

对于"主题创作型"照片,则要一分为二地予以看待。对于此类照片创作,拍摄对象的造型的确凝聚了拍摄者的智力劳动。例如电影中的剧照,一般是结合剧情和广告宣传需要的"摆拍",拍摄对象并非自然呈现也不是对客观事物的"抓拍",而是经过摄影师特定造型设计后的拍摄。因此,照片中的内容除了客观事物,还包含了摄影师的"智力创造"。但是,如同前文所言,对这种创造一定要限制在合理的边界之内,避免产生垄断创作的后果。笔者认为,"主题创作型"的照片要排除他人类似创作必须满足以下条件:第一,造型设计突破常规,具有一定的独创性,这是因为,普通的行为、动作,不能成为垄断的对象。第二,即使造型设计非同一般,如果他人只是借鉴拍摄思路,但是更换了拍摄对象，同样不能成为垄断的对象。例如，在《战狼》海报中，拍摄的对象（人物和国旗）已经发生了完全变化，而且都是由摄影者重新独立创作的，如果仅仅因为《美国狙击手》海报创作在前就禁止在后创作者针对"军人加国旗"的画面拍摄，显然是不合理的创作垄断。值得补充的是，要严格区分商标法侵权判定中的"混淆性近似"与著作权法侵权判定的"实质相同"。对于商标而言，只要让消费者产生混淆误认，就可以构成侵权；对于作品而言，仅仅让消费者产生混淆是不够的，还必须区分这种混淆是不是包含了不受著作权法保护的成分。

四、作品比对中应当排除的常见元素

由以上论述可以看到，人们之所以觉得《战狼》海报和《美国狙击手》海报近似，一方面是没有把不受保护的内容排除出视觉比对的范围，另一方面是将构思混同为表达。那么，在法律实践中，应当如何区分这些不受著作权法保护的思想元素呢？作品是由众多作品要素构成的，从创作作品的过程来看，有一些作品元素是很多作者在创作中常常用到的。在不同的作品类型中，体现思想的作品要素各不相同：在美术作品、音乐作品创作中表现为惯用技法和常见素材；在文学作品、戏剧作品和电影作品的创作中表现为剧情框架和惯用场景；在摄影作品的创作中表现为技巧构思等。换言之，除非他人直接用相机翻拍作者的摄影作品，否则，他人对类似摄影对象按照相同的摄影构思、布局独立进行拍摄，即使最后所得的视觉效果相似，也未必构成侵权。

【典型案例】[①]

....

上诉人易荣献与上诉人湛江卷烟厂著作权纠纷一案，因双方均不服广东省湛江市中级人民法院（2002）湛中法民初字第23号民事判决，

[①] "易荣献"著作权案判决（二审）：广东省高级人民法院（2004）粤高法民三终字第95号民事判决书（节选）。

向本院提起上诉。本院受理后，依法组成合议庭，对本案进行了审理，现已审理终结。

原审法院经审理查明：易荣猷是一名摄影爱好者，其于1995年4月拍摄了一张《美丽的港口地市——湛江》的摄影作品。从1996年开始，该摄影作品曾先后发表在《湛江》《广东湛江》《湛江农业》《湛江珍珠》《湛江人大历程》等6种画册的封面和插图，并参加了北京举办的《中国城市规则》展览，以及在湛江—昆明、湛江—重庆、湛江—香港、湛江—美国等经贸洽谈会上展出，对宣传湛江起到一定的作用。

1996年7月2日，湛江卷烟厂向中华人民共和国工商行政管理局商标局申请注册"广州湾"商标，该商标刊登在国家商标局1997年第20期《商标公告》中，但该商标注册没有图案。1998年1月22日，湛江卷烟厂委托新闻公司设计路牌喷画广告。新闻公司以易荣猷的摄影照片为基础，经过电脑加工合成了"广州湾——一个美丽的地方"路牌喷画广告。湛江卷烟厂开始使用该路牌喷画广告的图案，作为蓝广州湾烟标，生产香烟。易荣猷发现后，便找湛江卷烟厂和新闻公司交涉。经过三方协商，新闻公司与湛江卷烟厂于1998年6月15日发书面道歉函给易荣猷，该函写明："由湛江经济新闻传播公司向湛江卷烟厂推荐使用了你拍摄的'湛江海景'照片的一部分，经电脑合成制作为'广州湾，一个美丽的地方'广告喷画。当时只给200元稿费，并未说明使用范围，欠妥，甚表歉意，现再补600元稿费，并说明该图片只限于作此款'广州湾'广告喷画之用，不另作他用，请纳，谢谢。"易荣猷收下该道歉函及相应的稿费无异议。

2002年2月28日，湛江卷烟厂与天视公司签订《广告制作发布合同》，有偿委托天视公司设计新版"广州湾"喷画广告。次月中旬，湛江卷烟厂决定改变原包装，并通知湛江卷烟包装材料印刷厂印刷新版蓝"广州湾"烟标，随后签订相应的《购买订货合同》。同时，湛江卷烟包装材料印刷厂还部分销毁了旧版"广州湾"的烟标。在新图案中，具体包括："天空白云飘、港湾波涛唱歌谣、南亚风光海岸长、军民共

建保南疆"等四方面素材内容，均与易荣猷的照片有所区别。另外，在一审庭审中，奥博公司的法定代表人朱忠承认自己挂靠天视广告公司，为湛江卷烟厂设计新版蓝广州湾香烟路牌广告的事实。

....

本院认为：将新版蓝色广州湾烟标图案与易荣猷的摄影作品相比，两者存在明显的不同，也不构成实质上的相似，该图案的创作人奥博公司详细阐述了该图案的创意、主题、表现手法和独立创作的过程，该图案应属于奥博公司的独立创作的作品，奥博公司对该作品享有独立的著作权。湛江卷烟厂经著作权人奥博公司的同意，将该图案作为烟标使用，该行为不构成对易荣猷摄影作品的侵权。著作权法对摄影作品的保护是保护其富有独创性的表达，如在摄影作品的创意、取景、构图、暗房技术等方面的创造性劳动，而不是保护摄影作品所反映的客观存在的具体景观和事物。上诉人易荣猷认为烟标图案和摄影作品中的蓝天、白云、城市建筑等相似，认为构成侵犯其著作权的主张，本院不予支持。因湛江卷烟厂使用新版蓝色广州湾烟标的行为未构成侵权，上诉人易荣猷关于湛江卷烟厂使用新版蓝色广州湾烟标的行为构成侵权并承担侵权责任的请求，本院不予支持。

....

《星际迷航》中的外星人语言受版权保护吗？

人类的语言，除了各民族祖先创造并传承至今的各大语种（如中文、英文、法文）之外，还有在各种领域中具有特定功能的语言。

例如，在音乐领域，五线谱是目前世界上通用的记录、创作乐谱的语言之一，即在五根等距离的平行横线上，标以不同时值的音符及其他记号来记载旋律的一种方法。

又如，在通信领域，有人于1837年发明了莫尔斯电码。这是一种时通时断的信号代码，属于早期的数字化通信语言。它的代码包括五种：点、划、点和划之间的停顿、每个字符间短的停顿（在点和划之间）、每个词之间中等的停顿以及句子之间长的停顿，通过对这些代码的不同的排列顺序来表达不同的英文字母、数字和标点符号，从而传递通信信息。

再如，在计算机领域，C语言是一门通用的计算机编程语言，应用广泛。C语言的设计目标是提供一种能以简易的方式编译、处理低级存储器、产生少量的机器码以及不需要任何运行环境支持便能运行的编程语言。

那么，以上这些特定领域的语言工具，其本身可以构成作品吗？

之所以会提出这个问题，是因为几年前美国发生了一起真实的案件。2014年，《星际迷航》电视剧和电影的制作方美国哥伦比亚广播公司及派拉蒙影业将《星际迷航：阿克纳之战》的出品方及制片人告上了法庭，起诉的理由是《星际迷航：阿克纳之战》未经授权使用了大量的著作权元素，其中就包括专为《星际迷航》电视剧和电影发明的克林贡语（Klingon Language）。

据悉，克林贡语是《星际迷航》虚构宇宙中的一个外星种族所使

用的语言，由派拉蒙影业委托美国语言学家马克·欧克朗（Marc Okrand）创作而成。马克·欧克朗用自己发明的音创造出 26 个克林贡字母，以"宾语—谓语—主语"为基本语序，配上六类名词字尾和十类动词字尾，发明出完整的克林贡语。据悉，克林贡语是除世界语以外最完善的人造语言。目前，克林贡语已经得到了国际上的广泛承认。它是国际标准化组织承认的语言之一。①

如果该案发生在我国，会有什么样的审判结果呢？笔者认为，从我国的著作权法原理来看，不会认可克林贡语本身可以构成作品，原因如下：

"思想与表达二分法"是著作权法上的重要原则，指的是法律只保护作品的表达，而不保护表达所体现的思想。一般认为，这一原则源自美国的 *Baker V. Seldenp* 案，如今已经通行世界。例如，TRIPS 第 9 条第 2 款规定，著作权之保护范围仅及于表达，不及于观念、程序、操作方法或数理概念等；《世界知识产权组织著作权条约》规定，著作权延及表达，而不延及思想、过程、操作方法或数学概念本身。我国也对该原则充分认同并在司法实践中作为一种基本理念予以贯彻。而特定的语言工具（如五线谱、莫尔斯电码、C 语言、克林贡语）是人类为了满足生活、生产、创作需要而设计出来的实用工具，反映的是人们的思想。例如，五线谱反映了人类创造旋律的思想，莫尔斯代码反映了人们传递信息的思想。人们在生活中并不把这些工具本身当作作品加以欣赏，这是因为，它们作为实用工具主要是为了满足人们的创作生产需要，而不像作品那样主要是为了满足人们的精神审美需要。因此，克林贡语作为一种实现人类交流的工具，其本身同样难以构成作品。

---

① 邹钰容. 派拉蒙要对克林贡语主张版权，元芳你怎么看？载于"知产力"微信公众号。

影院掐片尾"彩蛋"涉嫌侵权吗？

很多电影在出现字幕后，往往还会出现"彩蛋"。这样的"彩蛋"，你会继续观看吗？所谓"彩蛋"，是指电影中不仔细观察会被忽略的有趣细节，以及影片剧情结束后，在演职员表滚屏时或滚屏结束后出现的电影片段，通常是一些幽默场景或是跟续集有关的情节线索，同时也能反映出导演、编剧制作电影时的艰辛、情怀、乐趣，等等。"幕后那些事儿"往往是电影粉丝非常关心的花絮新闻，同时也是制片团队希望向影迷们发起的某种互动。

例如，在电影《智取威虎山》（3D）中，有两个版本的结尾即"地道暗战"和"飞机大战"，而"飞机大战"被安排在了结尾的彩蛋部分。据媒体报道，主角张涵予在接受采访时这样谈到，"飞机大战那场戏是我拍的最累的一场，跟打虎上山一样，拍了半个月……这个处理让我很惊喜，也让飞机大战成了史上最贵彩蛋，给观众更大的想象空间"。由此可见，电影结尾的彩蛋不但不是可有可无的部分，有些甚至是整部电影最精彩的片段之一。

但是，很多影院在电影放映即将结束时，却常常仓促地截停电影画面并亮灯，从而迫使观众离场。例如，来自苍南的影迷杨先生就成为看不到"彩蛋"的一名"受害者"。2016年1月，电影《神探夏洛克》如期在各大影院上映。该影片资料显示，影片时长115分钟，其中正片90分钟，结尾还暗藏"惊喜"——25分钟的超长"彩蛋"。作为神探夏洛克的"粉丝"，杨先生在平阳一影城购票后观看电影。正片放映完毕后，银幕上显示片尾"彩蛋"提示："别走开，正片之后将为您揭秘本部影片的拍摄过程。"正当他准备继续观看"彩蛋"时，电影院播放厅内突然提前亮灯，紧接着，清洁人员进入影厅清场打扫卫生，杨先生

被迫离场。较真的杨先生认为，影院这样"缩水"，应当给出说法。在交涉赔偿事宜不果后，杨先生一纸诉状将该影城告上了法院。经法院调解，双方后来达成了调解协议。

那么，影院将电影结尾"彩蛋"掐掉的行为，是否侵权？笔者认为，这种行为至少在两个层面侵害了特定主体的权益。

首先，涉嫌侵害电影制片方著作权中的"修改权"和"保护作品完整权"。所谓修改权，是指修改或者授权他人修改作品的权利。所谓保护作品完整权，是指保护作品不受歪曲、篡改的权利。"彩蛋"作为电影的有机组成部分，通过不予播放的形式对其进行删减无疑侵害了作品的"修改权"；如果因为删减而造成了作品整体的思想、主旨不能完整、准确、系统地呈现在公众面前，则可能涉嫌侵害"保护作品完整权"。例如，在"陈某某与快乐共享公司等侵害保护作品完整权纠纷"案中，被告未经陈某某许可，在出版其图书时未出版图书的总序及3本书的前言和后记等内容。法院认为，在该案中，总序及3本书的前言和后记是对涉案作品在学术理论方面的提炼和升华，体现了作者在涉案作品中想要突出表达的、系统化的观点，是涉案作品的有机组成部分。被告的删除行为使得陈某某的学术思想不能完整、准确、系统地呈现在公众面前，构成对涉案作品的实质性修改，改变了涉案作品的内容、观点和形式，客观上达到了歪曲、篡改的效果，侵害了陈某某享有的保护作品完整权。同理可知，作为表达电影作品主题思想和创作理念的"彩蛋"，也绝不是可以任性删除的。

其次，涉嫌侵害电影观众作为消费者的公平交易权。所谓公平交易权，是指消费者在购买商品或者接受服务时所享有的获得质量保障和价格合理、计量正确等公平交易条件的权利。而影院掐掉电影"彩蛋"，实为在提供服务中"缺斤短两"，违反了对所提供的服务保质保量的规范义务。根据《消费者权益保护法》的规定，消费者在接受服务时，其合法权益受到损害的，可以向服务者要求赔偿；经营者提供服务内容违反约定的，应当依照其他有关法律、法规的规定，承担民事责任。

改编电影作品仍需原著作者同意

白先勇是小说《谪仙记》的作者。1989 年，上海电影制片厂（以下简称"上影厂"）获得许可后，将《谪仙记》改编为电影《最后的贵族》。电影公映后，观者如潮。后来，被告 YX 公司、JZ 公司取得电影作品《最后的贵族》制片者上影厂的许可后，将《最后的贵族》改编为话剧演出，但并未同时取得原小说《谪仙记》作者白先勇的许可，因而被白先勇诉至法院。法院认定，YX 公司、JZ 公司的相关改编行为只取得了上影厂的授权，没有得到原作品作者许可，侵害了白先勇享有的对其小说作品《谪仙记》的著作权，包括署名权、改编权及获得报酬的权利，最终判决由 YX 公司、JZ 公司赔偿白先勇经济损失和合理费用共计 25 万元。

关于该案，最大的争议就是：电影作品是否适用演绎作品再演绎时所遵守的"双重授权规则"？

一、演绎作品再演绎的双重授权规则

著作权法中的"演绎"就是在保留原来作品基本表达的前提下，在原有作品基础之上创作新的作品内容并加以后续利用的行为，具体包括翻译、改编、摄制和汇编等形式，由此产生新的作品。[1] 构成演绎作品，需要同时具备两个条件：第一个条件是必须利用了原有作品的表达。如果没有利用原有作品的表达，或者只是利用了原有作品的思想，则并不属于著作权法意义上的"演绎"。第二个条件是在原作基础上加入了新的独创性内容，即在利用他人已有表达的基础上，演绎者进行了

---

[1] 王迁. 知识产权法教程［M］. 2 版. 北京：中国人民大学出版社，2009：160.

再创作，演绎的结果和原有作品相比具有独创性，符合作品的要求。换言之，一方面，演绎作品在表达方面与原有作品具有一脉相承的共同性和依附性，由于与原有作品具有相似的表达形式和共同的作品元素，使得演绎作品与原有作品具有紧密的联系和显著的依赖；另一方面，由于演绎作品具有再创作的性质，在原有作品的基础上加入了新的独创内容，使得其区别于对原有作品的抄袭。

由于演绎作品的双重属性，决定了其权利行使也具有两面性：一方面，演绎作品的著作权人享有《著作权法》第10条规定的全部著作权人身权和财产权；另一方面，由于演绎作品具有与原有作品"求同存异"的特殊属性，使得演绎作品的著作权与原有作品的著作权存在重合的部分内容，因而在行使时也必然受到原有作品著作权的制约和影响。我国《著作权法》第12条规定，改编、翻译、注释、整理原有作品而产生的作品，其著作权由改编、翻译、注释、整理人享有，但行使著作权时不得侵犯原作品的著作权。这条规定暗含了这样一条规则：演绎作品著作权的行使，实际上是由演绎作品和原有作品著作权人共同控制的，并且，在这个共同控制的关系中，原有作品的著作权人起着决定性的作用。例如，某人获得金庸同意将《天龙八部》小说改编成漫画，则对漫画作品享有著作权；但是如果未取得小说著作权人金庸的同意，就不得将漫画再改编成网络游戏或其他形式的作品，因为漫画中含有小说作品中的独创性表达元素（如小说人物台词、故事情节），这些必须受到金庸的专有控制。之所以不承认演绎作品的独立地位，主要在于演绎权的行使实质为对原有作品的变化性使用，因此演绎权应受到原有作品著作权的限制。由于演绎作品与原有作品具有共同的表达元素，尽管演绎作品本身并不完全能替代原有作品，但演绎作品的权利行使如果不受限制，就很可能在客观效果上挤压原有作品的市场份额，从而威胁原有作品著作权人对其作品独创性表达元素的专有。因此，演绎作品行使包括改编权在内的再次演绎的权利时，需要受到原有作品著作权人的制约，在法律上负有不得侵犯原有作品的著作权的义务。具体而言，就是在再演绎时遵守"双重授权规则"：当再次演绎需要利用原有作品中的独创性表达元素时,需要得到原有作品权利人的许可,否则就构成对原有作品著作权的侵犯。①

二、关于电影作品是否适用双重授权规则的争议

不难看出,既然演绎作品包括翻译、改编、摄制和汇编等形式,那么,根据小说改编成的电影作品实质上也属于小说的演绎作品;因此,当电影作品再被演绎成其他形式的作品时(例如话剧)同样要遵循"双重授权规则",即要获得小说作者的同意。

值得注意的是,对于电影作品是否要遵循这一规则,司法实践中还存在相反的观点。相反观点认为,虽然学理上可以将电影看作一种特殊的"演绎作品",但我国立法上并未有体现。我国《著作权法》第12条在规定"改编、翻译、注释、整理已有作品而产生的作品,其著作权由改编、翻译、注释、整理人享有"的同时,明确指出"行使著作权时不得侵犯原作品的著作权"。这意味着演绎作品之上的确存在双重授权权利,即原作品作者的著作权和演绎者的著作权。② 但第15条在规定"电影作品和以类似摄制电影的方法创作的作品的著作权由制片者享有"之时,并没有像第12条那样规定"行使著作权时不得侵犯原作品的著作权"。这暗示着电影一旦拍摄完成,电影作品的整体著作权完全归属于制片者,并不受原作品著作权的制约。无论制片者以何种手段利用电影作品,都不再需要经过原作品著作权人的许可。

事实上,结合《伯尔尼公约》来看,上述观点是对《著作权法》第15条的机械理解和适用。《伯尔尼公约》第14条之一第2款明确规定,要将由文学或艺术作品派生而来的电影作品改编为其他任何艺术形式,除了要经过电影作品作者的许可之外,还要经过原作品作者的许可。该规定说明《伯尔尼公约》认为根据小说、戏剧等原作品拍摄而

---

① 袁博. 论演绎作品再演绎的授权规则——以《鬼吹灯》游戏改编案为研究视角 [J]. 贵州警官职业学院学报, 2012 (4).

② 王迁. "电影作品"的重新定义及其著作权归属与行使规则的完善 [J]. 法学, 2008 (4).

成的电影之上是存在"双重授权权利"的,因此对电影的改编需要同时经过原作品著作权人和电影作品著作权人的双重授权许可。①

三、结　论

因此,应当在电影作品中继续贯彻演绎作品再演绎时所遵守的"双重授权规则"。事实上,这一观点也在著作权法草案中部分得到了支持,目前仍在修订过程中的《著作权法草案(修订送审稿)》第 19 条中规定,"著作权中的财产权和利益分享由制片者和作者约定。没有约定或者约定不明的,著作权中的财产权由制片者享有,但作者享有署名权和分享收益的权利"。显然,草案承认了对于电影作品的再次演绎,无论事先是否有约定,作者均可以对其中的财产性权益主张权利或分享收益。与《伯尔尼公约》不同的是,该草案将原著作者的许可通过合同约定的形式进行了具体化,有利于减少相关纠纷。

---

① 王迁. "电影作品"的重新定义及其著作权归属与行使规则的完善 [J]. 法学, 2008 (4).

影视剧中使用毕加索作品构成侵权吗？

为了塑造人物性格、表现背景环境、渲染剧情等需要，在影视剧中，不可避免地要使用到他人的美术、音乐等各种形式的作品。那么，对于这些影视画面和配音中出现的作品，是否需要得到作者的许可呢？对于这个问题，美国人给出了肯定的回答。

2012年，《泰坦尼克号》（3D）导演卡梅隆被美国艺术家权利协会指控违反了版权法，因为影片中有个镜头出现了毕加索的名画《亚威农少女》。其实，卡梅隆已经不是第一次遇到这种麻烦了。早在1997年拍摄《泰坦尼克号》的时候，卡梅隆就想用毕加索的画作，当时遭到了拒绝，但他还是坚持用了《亚威农少女》的镜头，于是在电影上映之后，卡梅隆受到了起诉，最终赔偿了版权使用费才平息了事端。15年后，面对同一问题，卡梅隆没有选择继续支付版权费用，而是将电影中毕加索的《亚维农的少女》换成了德加的作品，而这幅作品目前的版权属于公开性的，可以在影视作品中使用。根据美国的艺术家版权保护法，艺术家的继承人在艺术家去世后的70年之内都拥有该艺术家的版权，毕加索是1973年去世的，这意味着，他的家人在2043年之前都拥有毕加索作品的版权。

那么，同样的问题如果发生在中国，结果会怎样呢？按照我国《著作权法》的规定，在一般情况下，未经著作权人许可而使用其作品的构成侵权，但为了保护公共利益，对一些对著作权危害不大的行为，著作权法不视为侵权行为。这些行为在理论上被称为"合理使用"。在影视作品中，出于情节设置和拍摄的需要，会出现大量他人作品，如图画、书法、雕塑、摄影、音乐。对这些作品的使用，如果不分青红皂白一律视为侵权，就会给影视创作带来极大威胁。基于这一考虑，有版权学者倡导"附带使用"（incidental inclusion）制度（属于作品合理使用的一种形式）。具体而言，为拍摄影视作品不可避免地在影片中出现各种作品形象，只要这些出现是服务于剧情需要的"一带而过"式的使用，就不宜认定为构成侵权。从司法实践看，我国一些法院也已经认同了"附带使用"作为作品合理使用的抗辩理由并开始逐步归纳其在影视作品中的认定标准：

首先，根据使用作品的目的和性质来判断。例如，为了剧情需要展现主人公的文化修养而在其卧室墙壁闪现的名家字画，应当认定为合理的附带使用。

其次，根据使用作品的程度来判断。如果对他人作品使用时间很短，应当视为合理使用。2003年的"中国音乐著作权协会诉福建周末电视有限公司等著作权侵权"案是我国最早涉及附带使用的案例。福建电视台电视剧制作中心与福建周末电视有限公司联合摄制22集电视连续剧《命运的承诺》，剧中作为背景音乐使用了《青藏高原》《我热恋的故乡》《辣妹子》《一无所有》。法院判决被告对前3首歌曲的使用构成侵权，理由是使用时间较长，对最后一首歌曲的使用则不成立侵权，因为时间极短。

最后，考察使用行为对被使用作品市场的影响大小。因为合理使用和侵权使用只有一步之遥，判断是合理使用还是侵权使用最终总要落脚在行为的结果上，合理使用并不是排斥一切对著作权人造成损害的行为的发生，而是要将这种损害限制在一定范围内，超出这个范围的使用应当是许可使用或者是法定许可，否则就是侵权行为。值得提出的是，对著作权人造成的损害，不但包括现实损害，还包括对潜在的市场利益的不利影响，但这种影响必须是有边界的。那么，如何确定这种影响的边界呢？其关键在于判断是否产生了"替代作用"。换言之，如果使用他人作品的结果是替代了原作品而不是创造了新作品或新产品，就不是合理使用。所谓"替代作用"是指，因为使用他人作品，导致对他人作品形成市场竞争，最终导致他人作品出现明显的市场销售量下降和利润减少。

【典型案例】①

....

原告音乐著作权协会诉称：原告是依据著作权法的规定，经国家行政主管部门批准成立的音乐著作权集体管理机构，有权对入会会员享有著作权的音乐作品的公开表演权、广播权和录制发行权进行管理处分，并有权对侵犯原告会员音乐作品著作权的行为，以原告自己的名义提起诉讼。原告发现被告福建周末电视公司和被告福建电视剧中心联合摄制的22集电视连续剧《命运的承诺》中，使用了《青藏高原》《我热恋的故乡》《辣妹子》及《一无所有》等4首音乐作品。上述音乐作品的著作权人是原告的会员。经原告核实，被告擅自使用了上述音乐作品。被告福建周末电视公司和被告福建电视剧中心联合摄制的上述电视剧中使用原告会员享有著作权的音乐作品，并授权国内多家电视台播放，并授权他人以VCD光盘的形式出版发行，是侵权行为，应承担侵权赔偿责任。而被告北京图书大厦大量销售该侵权的VCD光盘，造成侵权情况的扩大，应承担停止销售的责任。故原告请求法院判令：1.被告福建周末电视公司和被告福建电视剧中心共同赔偿原告12万元；2.被告北京图书大厦立即停止销售电视连续剧《命运的承诺》的VCD光盘；3.判令三被告共同负担原告为制止侵权所支付的合理费用5138元，并共同负担本案诉讼费用。

....

本院认为：被告福建电视剧中心与被告福建周末电视公司在联合摄制电视连续剧《命运的承诺》时，在未征得《青藏高原》《我热恋的故乡》及《辣妹子》3首音乐作品词曲作者或本案原告许可的情况下，作为背景音乐使用了上述作品，其行为违反了我国《著作权法》第47条第1项之规定，构成侵权。被告福建周末电视公司关于其在使用涉案音

---

① 中国音乐著作权协会诉福建周末电视有限公司等侵犯著作权纠纷案（一审）：北京市第一中级人民法院（2003）一中民初字第11687号民事判决书（节选）。

乐作品之前已事先通知了原告、在使用过程中无任何主观恶意，从而不构成侵权的抗辩理由，无事实及法律依据，本院不予支持。

被告福建周末电视公司及被告福建周末电视公司在电视连续剧《命运的承诺》中对《一无所有》的使用，虽未征得该作品的词曲作者或原告的许可，但因两被告在涉案电视剧中对该作品的使用仅有短短的7秒钟，且在剧中仅演唱了"我曾经问个不休，你何时跟我走"这一句歌词、弹奏相应的曲子，被告的使用行为对该作品的正常使用不产生任何实质不利影响，也未实质损害该作品的权利人的合法权益，因此，两被告行为的情节显著轻微，故不构成侵权。原告关于被告福建周末电视公司及被告福建电视剧中心在电视连续剧《命运的承诺》中使用《一无所有》，从而构成侵权的诉讼请求不能成立，本院不予支持。

....

电影海报使用他人动漫形象的著作权风险

前文提到，在影视作品中，出于情节设计和拍摄需要，会不可避免地大量出现他人的作品，即"附带使用"，例如，为了展现主人公的文化修养而在其卧室墙壁闪现名家字画、艺术雕塑等。由于我国《著作权法》对"合理使用"采取有限列举的形式，即仅仅列举了12种具体情形，没有一般性的判定原则，也没有兜底条款，这使得包括"附带使用"的很多国际通行的"合理使用"方式不在其中。为了解决这一问题，实践中影视作品的制片人常常诉诸"适当引用"条款进行抗辩。上海美术电影制片厂（以下简称"美影厂"）诉浙江新影年代文化传播有限公司（以下简称"新影年代公司"）等著作权侵权纠纷案就非常具有代表性。

一、案情介绍

（一）基本情况

2014年2月，由新影年代公司投资制作的电影《80后的独立宣言》正式上映。为了电影的宣传造势，新影年代公司制作了一张宣传海报，海报上方2/3的篇幅中突出部分为男女主角人物形象及主演姓名，背景则零散分布着诸多美术形象，包括"葫芦娃"和"黑猫警长"的卡通形象以及黑白电视机、缝纫机、二八式自行车、铁皮青蛙、陀螺、弹珠等具有年代感的标志性物品，其中"葫芦娃"和"黑猫警长"分别居于男女主角的左右两侧。诸多背景图案与男女主角形象相较，比例显著较小，"葫芦娃"和"黑猫警长"的卡通形象与其他背景图案大小基本相同。海报下方1/3的部分为突出的电影名称《80后的独立宣言》以及制片方、摄制公司和演职人员信息等，并标注有"2014.2.21 温情巨

献"字样。

美影厂发现该海报后认为，新影年代公司等未经许可，使用"葫芦娃"和"黑猫警长"角色形象美术作品，构成对其著作权的侵犯。遂故诉至法院，请求判令新影年代公司等连带赔偿美影厂经济损失及维权费用合计人民币53万余元。

（二）裁判结果

一审法院认为，新影年代公司使用被引用作品是为了说明涉案电影主角的年龄特征。另外，从被引用作品占整个作品的比例来看，"葫芦娃""黑猫警长"两个形象与其他20余个表明"80后"时代特征的元素均作为背景使用，占海报面积较小，且比例大致相同，"葫芦娃""黑猫警长"的形象并未突出显示，被引用作品只属于辅助、配角、从属的地位。因此，一审法院认为属于适当引用，据此判决驳回美影厂的诉讼请求。原审判决后，美影厂不服，向上海知识产权法院提起上诉。上海知识产权法院认为，合理使用的审查认定并不以被引用作品在新作品中的引用是否必须为要件。"葫芦娃""黑猫警长"美术作品被引用在电影海报中具有了新的价值、意义和功能，其原有的艺术价值功能发生了转换，而且转换性程度较高，属于我国著作权法规定的为了说明某一问题的情形。涉案电影海报中作为背景图案引用"葫芦娃""黑猫警长"美术作品不会产生替代性使用，亦不会影响权利人的正常使用。据此，上海知识产权法院判决驳回上诉，维持原判。

（三）争议焦点

该案中，最大的争议焦点在于，被告所提出的"适当引用"抗辩条款，在该案中是否具备适用的条件。换言之，在该案中，被告为了介绍、评论或者说明其电影内容中的某一个问题，是否有必要或者有正当理由在其电影海报中使用原告具有著作权的动画形象？被告的使用是否会给原告带来实质的损害？

"适当引用"规定在现行《著作权法》第22条第2项，属于"合理使用"的一种形式，即"为介绍、评论某一作品或者说明某一问题，在作品中适当引用他人已经发表的作品"，可以不经著作权人许可，不向其支付报酬。"适当引用"在文化领域一直发挥着巨大作用，因此成为国际通行的"合理使用"的典型行为模式。那么，该案中被告的行为是否能成立有效的"适当引用"呢？这就需要结合被引用作品的状态、引用他人作品的目的、被引用作品占整个作品的比例以及引用是否会对原作品的正常使用或者市场销售造成不良影响等因素综合认定。

二、"适当引用"条款适用条件一：被引用作品的状态

"被引用作品的状态"是指作品是否已经发表，即对引用的范围限制。这是因为，不经许可引用他人未发表作品，会构成对他人发表权、隐私权的侵犯。并且，我国已经加入《伯尔尼公约》《与贸易有关的知识产权协议》《世界知识产权组织版权条约》，负有将相关国际协议中相关的"三步检验法"（合理使用的一般判断标准）落实于本国的国际义务。所谓"三步检验法"，是指只能在特殊情况下作出、与作品的正常利用不相冲突，以及没有无理损害权利人合法权益情况下，可以对著作权进行例外的限制。[①] 其构成要件体现于我国现行《著作权法实施条例》第21条中，即"依照著作权法有关规定，使用可以不经著作权人许可的已经发表的作品的，不得影响该作品的正常使用，也不得不合理地损害著作权人的合法利益"。因此，要构成"适当引用"，必然也要符合"合理使用"或者"三步检验法"的一般要求，即所使用的他人的作品必须是"已经发表的作品"，否则，就根本不构成合理使用。该案中，证据表明，"葫芦娃""黑猫警长"的动画片已经于20世纪80年代播出，因此涉案作品已然发表。

三、"适当引用"条款适用条件二：引用他人作品的目的

引用的目的必须是"为介绍、评论某一作品或者说明某一问题"，这是引用的目的限制。因为适当引用是"合理使用"的一种形式，其目的是公共利益而对著作权的必要限缩，因此，其目的一般是非商业性

---

① 王迁. 知识产权法教程 [M]. 2版. 北京：中国人民大学出版社，2009：225-226.

的。值得注意的是，这里所说的"非商业性目的"，指的是直接目的而非间接目的，即"引用作品"本身所欲直接实现的目的。只要这种目的不是直接用于商业盈利，即使其后会带来商业利益，也属于"适当引用"。例如，一家商业报刊，为了介绍一本新书写了一篇评论，合理引用了其中的部分段落，虽然报刊的销售会为报社带来商业利益，但其对新书段落的引用却是为了介绍，因此属于"适当引用"；相反，如果一家商业报刊，并非为了介绍、评论，而是为了直接营利而未经许可定期连载他人作品段落以提高报刊销量，就不符合"适当引用"的目的，不属于"适当引用"。

在该案中，引用原告作品的目的是否正当和合理成为双方交锋最激烈的问题。该案中，被告主张，对"葫芦娃""黑猫警长"的使用，都属于"事实性使用"而非作品功能性的使用，其目的在于唤醒80后观众的成长记忆，增强其代入感。因为这些元素组合后具有强烈的时代感，配合其他具有时代特征的器物形象（如黑白电视机、二八式自行车等），使用上述美术作品是为了说明影片的创意构思，说明影片主角的年龄特征。原告并不接受这一说法，而是针锋相对地提出：第一，影片主角的年龄特征不需要通过涉案作品来说明，因为通过海报上的电影名称，主角的年龄一目了然；第二，被告提出了"适当引用"，但是根据法律规定，"适当引用"是为了"介绍、评论某一作品或者说明某一问题"，而被告在海报中并未实施"说明"行为。这就涉及以下两个问题：

（一）"适当引用"他人作品是否必须出于必要

按照原告的思路，说明影片主角的年龄特征的途径多种多样，例如，电影本身的名称，主角的外貌特征，或者其他具有时代特征的器物或者形象等，没有必要一定要引用涉案作品。

笔者认为，上述观点是有失偏颇的。是否不可避免地引用并不是"适当引用"的构成要件；基于合理理由而不是必要理由才是使用他人作品的正常原因。理由包括两个方面：首先，"适当引用"是评论或者学术著作所必需的行为，因为在对他人作品进行评论或者论证观点、说明问题时，需要"旁征博引"他人作品中的某些内容来支持论点；如果每次"适当引用"都要绝对出于必要并且还能提供有力证明，那么将会形成巨大的创作成本，阻碍新作品的出现。其次，被评论、说明的作品的作者并不总是对负面意见抱着宽容和开放的态度，因而如果不从法律上给评论、说明者以充分的自由，就会导致艺术创作言论自由的窒息。[①] 而表达自由具有增进知识、获取真理之价值，霍姆斯的"思想与言论的自由市场"理论甚至认为，至高之美德只有经过思想的自由交换才能较易获得，要判断某种思想是否为真理，最好的办法是将之置于自由竞争的市场上。思想的自由交换意味着公众获取信息的权利，表达自由最主要的体现是公民能以各种形式（包括言语形式、出版形式）发表意见的权利。[②] 事实上，为了说明时代特征，被告总是需要引用那个时代的某个美术作品或形象，即使不是原告，也可能是其他的权利人，因此，如果不给予被告充分的引用自由，将会给影视作品的创作自由造成极大限制。

（二）"介绍、评论某一作品或者说明某一问题"的含义

按照原告的看法，"介绍、评论某一作品或者说明某一问题"的对象应该是被引用的作品，因此被告在引用涉案作品后，应当予以"介绍、评论或者说明"。笔者认为，这种看法同样是片面的。"介绍、评论某一作品或者说明某一问题"事实上存在两种情况：第一种情况，引用他人作品，是为了"介绍、评论或者说明"被引用的作品本身，例如为了评论他人的诗歌而全文引用他人诗歌。第二种情况，则是引用他人作品来"介绍、评论或者说明"引用人自己的作品或者问题，该案就属于此种情形。换言之，在这种情况下，"介绍、评论或者说明"的对象可以并非是他人作品。例如，一个记者为了评论一个新闻事件引用了他人的某幅摄影作品，其目的显然不是评论摄影作品的美术价值，而

[①] 崔国斌. 著作权法原理与案例 [M]. 北京：北京大学出版社，2014：588.
[②] 梁志文. 作品不是禁忌——评《一个馒头引发的血案》引发的著作权纠纷 [J]. 比较法研究，2007（1）.

是用摄影照片来印证其所欲评论的时事。

四、"适当引用"条款适用条件三：被引用作品占整个作品的比例

引用的内容必须"适当"，这是对引用的数量限制。即引用部分不能构成引用作品的主要部分或者实质部分，包括两个层面：第一，量的限制。司法实践中一般的标准是：引用非诗词类作品不超过2500字或是被引用作品的1/10，多次引用同一部长篇非诗词类作品总字数不得超过1万字。① 第二，质的限制。对于一些引用，虽然数量不多，但只要构成他人作品的灵魂或精华部分，同样不能允许。如在"美国哈伯出版公司诉《国家产业》杂志关于《福特回忆录》纠纷"案中，被告发表了一篇2250字的文章，该文引用了《福特回忆录》中关于"水门事件"特写的7500字中的300~400字，不超过原特写的1/20，但该文章涉及的一段叙述，即为事件特写部分的核心内容，从而导致原告与福特签订的连载合同被取消，并对原作品市场造成重大损害。因此，美国联邦最高法院判决，被告的引用虽然量很小，但系原作的精华部分，已构成侵权，不属于合理使用。②

而在该案中，从海报来看，被引用的"葫芦娃""黑猫警长"形象作为背景图案使用，占海报面积较小，与其他二十几个背景图案相比在位置和面积上并未突出，因此并未明显超出合理限度。

五、"适当引用"条款适用条件四：引用是否会对原作品的正常使用或者市场销售造成不良影响

因为"适当引用"而对他人造成的损害，不但包括现实损害，还包括潜在的市场利益的影响，但这种影响必须是有边际的。如果不设置

---

① 吴汉东. 美国著作权法中合理使用的"合理性"判断标准 [J]. 外国法译评, 1997 (3).

② 郑成思. 版权法 [M]. 北京：中国人民大学出版社, 1997：517-520.

边界，那么基于所有的合理使用事实上，在不同程度上都会对著作权人造成损害，就会模糊"合理使用"与侵权行为的区别。那么，如何确定这种影响的边际呢？其关键在于判断"替代作用"。换言之，如果引用他人作品的结果是替代了原作品而不是创造了新作品或新产品，就不是合理使用。① 所谓"替代作用"是指，因为引用他人作品，导致对他人作品形成市场竞争，最终导致他人作品的市场销售量下降和利润减少。例如，引用他人已经发表的小诗撰写诗评，虽然在数量上是全文引用，但只要形成的评论性文字与原诗作之间没有事实上的竞争关系，也可以构成适当引用。② 又如，教材辅导书采用与教科书相同的目录安排也不构成著作权侵权，因为同样不存在实质的竞争关系：很难想象有人不买教材而只买教材辅导用书。

那么，涉案海报会和原告作品本身形成竞争关系吗？答案是否定的。二审法院在此给出了有力的分析："葫芦娃""黑猫警长"是20世纪80年代代表性少儿动画形象，如今以美术作品单纯的欣赏性使用作为正常使用的情况并不多，因此，"相关公众对该作品的使用需求通常情况下不太可能通过观赏涉案电影海报就能满足，从而放弃对原有作品的选择使用"。

---

① 邓社民. 数字环境下著作权合理使用与侵权的法律边界——由《一个馒头引发的血案》引起的思考[J]. 法学论坛, 2006 (6).
② 梅术文. 从消费性使用视角看"微博转发"中的著作权限制[J]. 法学, 2015 (12).

"如有雷同，纯属巧合"的声明管用吗？

在很多影视剧的片头，我们常常能看到这样的声明——"本故事纯属虚构，如有雷同，纯属巧合"。不难理解，这种声明其实是一种具有法律含义的前置性告知，在早期其目的主要是防止他人"对号入座"，主张影视剧中的情节侵犯了自己的隐私权或者名誉权。但是到后来，随着著作权观念的不断普及，制片公司逐渐发现这种声明还具有另外一个功能，就是在面对他人的著作权侵权指控时可以作为一个前置性的抗辩，于是这个声明愈加流行。那么，这个"如有雷同，纯属巧合"的声明，真有用吗？以下以著作权法为视角详细分析。

一、本故事纯属虚构

"本故事纯属虚构"的声明动机，主要在于强调影视剧是自己原创，不是对他人作品的改编或者抄袭。这非常符合著作权法的原理，因为著作权法上的作品要求作者独立创作完成。所谓"独立创作"，是指民事主体独立完成而非抄袭他人，即使与他人劳动成果相差不大，也不能断言其一定构成侵权。正因为这一原因，《最高人民法院关于审理著作权民事纠纷案件适用法律若干问题的解释》第15条规定，由不同作者就同一题材创作的作品，作品的表达系独立完成并且有创作性的，应当认定作者各自享有独立著作权。

二、如有雷同，纯属巧合

"如有雷同，纯属巧合"是对前一句的补充，意思是，即使故事情节可能与他人的作品有雷同之处，但那不是因为抄袭，而是因为巧合。这一声明在著作权诉讼中用处不大，因为"纯属巧合"只是一方的说辞，是否真的如此需要严格举证，而这种证明通常很难实现。所以，事实上的侵权比对用的是另一种方法——"接触加实质性相似原则"。换言之，如果事实表明被控侵权的制片者有可能接触过他人的作品（一般而言，如果他人作品公开出版的时间早于被控侵权人，且有一定知名度，即可推定为"接触"，并不要求证明实质接触过），并且双方的作品内容有实质性相似的内容，就可以基本判定侵权行为的成立。换言之，只要主张著作权的权利人发表作品（如出版小说、改编成影视剧公映）的时间早于被诉侵权人且双方有内容重合的部分，那么就可以推翻"纯属巧合"的说法。

如何正确理解"保护作品完整权"?

近年来,随着一些网络热门文学作品的影视改编,产生了一些关于"保护作品完整权"的纠纷。在这些法律纠纷中,对于"保护作品完整权"的理解和认识出现了大量的误区。

一、关于"保护作品完整权"的五个认识误区

保护作品完整权是著作人身权之一,是指保护作品不受歪曲、篡改的权利。"歪曲"是指故意改变事物的真相或内容;"篡改"则是指用作伪的手段对作品进行改动或曲解。从含义来看,概念似乎是清楚的,然而实践中存在如下误区。

(一)误区一:侵害"修改权"必然同时侵害"保护作品完整权"

多数情况下,对保护作品完整权的破坏都是通过修改作品来实现的,因此,理论上有一种很有代表性的观点认为,"狭义的修改权与保护作品完整权具有相同的含义,不过是一项权利的两个方面。也就是说,从正面讲,作者有权修改自己的作品,或者可以授权他人修改自己的作品。从反面讲,作者有权禁止他人篡改、歪曲、割裂自己的作品"。[1]受到这种观点影响,有论者主张在新的著作权法修订中应将"保护作品完整权"与"修改权"合并。在著作权实务中,则存在一种普遍认识,即认为,只要涉及对作品一定程度的修改,就会涉嫌侵害"保护作品完整权"。

那么,修改权和保护作品完整权究竟是什么样的关系?笔者认为,保护作品完整权与修改权并不可同日而语。第一,保护作品完整权被侵

---

[1] 李明德,许超. 著作权法[M]. 北京:法律出版社,2003:79.

害虽然往往起因于作品被"修改",但是修改作品未必总是会侵害作品的完整,因为"歪曲"和"篡改"的限定决定了没有歪曲和篡改作品主旨和内容的修改并不会破坏作品完整。事实上,多数国家也将"可能对作者的声誉造成损害"作为侵害保护作品完整权的前提。① 第二,保护作品完整权是保护作者权利的"第二道防线",具有功能性价值。实践中,作者因为各种合同关系授权他人修改作品,但对于修改幅度和范围往往未能仔细约定;如果他人对作品的修改大大超出了作者的合理预期(达到歪曲、篡改的程度),作者至少还保留有"保护作品完整权"可以拒绝修改后的作品出版。换言之,作者手中还保留有对修改权宏观上的最后控制权。②

(二)误区二:是否侵害"保护作品完整权"与对作品的修改多少有关

这种观点认为,破坏作品完整一般是对他人作品进行了较大程度的修改,以至于达到了"歪曲"和"篡改"的程度,因此,破坏作品完整性实质上是一种侵害修改权的严重情形。从概率上看,这种认识不能说没有道理,然而,从学理上看则站不住脚。因为实践中有时只是对他人作品幅度较小的修改,也可能构成"歪曲"和"篡改"。例如,著名法国画家杜尚有一天突发奇想,在大名鼎鼎的达·芬奇创作的《蒙娜丽莎》作品中人物加上了山羊胡,顿时使得画面极具荒诞效果,而画中美人闻名于世的"神秘微笑"也顿时消失无踪。在这次著名的篡改行动中,杜尚的演绎似乎在暗喻、嘲讽原来的画面并不像人们普遍认为的那么美好和纯洁。吊诡的是,这次略作修改的行动最终诞生了另一幅传世名作。如果达·芬奇此时仍在人世,并不宽容这种对原作主题的"篡改"和"歪曲",则杜尚的这种天才演绎行为首先就侵害了达·芬奇作品的保护作品完整权,尽管相对于整个画面篇幅,这个改动可以说比例很小。另外,如果对他人作品彻底损毁,反而并不一定会导致对他人保

---

① 王迁. 知识产权法教程 [M]. 2版. 北京:中国人民大学出版社,2009:113.
② 崔国斌. 著作权法原理与案例 [M]. 北京:北京大学出版社,2014:365.

护作品完整权的损害。例如，因为重建而将合法购买的某个室外雕塑作品彻底移除，由于公众无法再感知作品，就谈不上降低作者声誉，也就谈不上损害其保护作品完整权。①

（三）误区三：没有贬损作品或作者声誉主观故意的，不侵害"保护作品完整权"

这种抗辩在相关著作权侵权纠纷中出现概率极高，而且听起来似乎"很有道理"。必须指出，尽管侵权人的恶意在著作权侵权纠纷中是一个很重要的考虑因素，但是却并非侵权的必要构成要件。例如，某位画家看到一幅摄影照片后大加赞赏，于是利用自己的神来之笔，用油画的形式将摄影作品完全"转化"为一幅普通人用肉眼都看不出的高仿作品并且出售。那么，此时，这位画家内心深处可能坚信自己是在"创作"，并且毫无侵害他人著作权的主观恶意。但是稍加分析，我们就不难知道，这只是一种技术含量较高的"复制"行为而已。由此可见，侵权人主观上是否有正确的认识或者明显的故意，并不是侵权成立与否的关键。同样的道理，很多改编者在改编他人作品时坚信自己是在"艺术发挥"，但一旦最后改编的结果客观上变成了"歪曲、篡改"，则改编者是否存在"贬损作品或作者声誉的主观故意"事实上对于判断侵害保护作品完整权毫无影响。例如，假定达·芬奇仍在世，某个艺术家将蒙娜丽莎的头部换成恶魔之脸，表达某种命运的无常，完全可以对外宣称并且自我相信这是一种"艺术的发挥"而不是"恶意的篡改"。显然，这种行为究竟是否构成"歪曲、篡改"，另有一套中立、客观的评价标准，并不以改编者的自我认知为转移。

（四）误区四：是否对作品造成了"歪曲、篡改"，由原作者说了算

由于是否主张保护作品完整权取决于作者本人的意愿，而是否对其作品实质上造成了"歪曲、篡改"，对于很多普通人难以理解相关创作意图的艺术作品而言，作者本人的看法和意见无疑具有很高的参考力和

---

① 李扬. 知识产权法基本原理 [M]. 北京：中国社会科学出版社，2010：250.

说服力，因此"是否侵权由作者说了算"从表面来看也显得"很有道理"。

这种观念最大的问题是忽略了多数作者具有对他人改编的天然"敏感性"和抵触心理，而这种敏感和抵触会导致作者本人的判断不容易保持中立和客观。在心理学上，这被称为"努力正当化"，具体表现是：人们对于自己花费了很多时间和精力创造的成果，往往具有自恋和痴迷，以至于对成果本身的价值具有超出实际的评价或者认识。换言之，人们会放大、拔高自己作品的艺术价值，同时降低他人对自己作品改编的容忍度，从而很容易将大众接受的"改编"看成是毫无艺术价值并且与自己创作意图相左的"歪曲、篡改"。例如，某位现代艺术家将蒙娜丽莎的裙子替换成圣诞装，在大众看来，这是一种和圣诞节很匹配的改编，达·芬奇如果在世，完全可能头头是道地说出充分理由证明这是一种对原作的"歪曲、篡改"。显然，相当一部分作者对于他人以改编形式所表达的对自己作品的批评或者嘲讽并不总是保持宽容的态度；就保护作品完整权而言如果完全听从作者的意见，就会导致给公众的自由表达和艺术争鸣带来不合理的限制。

（五）误区五：对改编之作的差评不影响原作品的声誉

这种观点将判断是否侵害保护作品完整权的考察对象局限于原作品，并认为仅仅针对改编作品的差评不会影响原作品的声誉。

举例来说，这种观点认为，一部小说被改编成电影后，如果社会公众只是针对电影给出了差评，则并不会导致小说声誉降低。事实上，这种说法存在明显的问题。这是因为，原作和改编之作事实上是同形异构的关系，人们在说某部电影"改编失败"时实质上是以原作小说作为比较从而得出的结论。而在所有改编失败的例子中，人们说"改编失败"必然是说改编之作不如原作，如果认为这种评论并不针对原作因而不会影响原作的声誉，在逻辑上，所有的改编都不会再涉及侵犯保护作品完整权。因此，即使是对改编之作的差评，也可能因为"恨屋及乌"而影响原作品的声誉并可能侵害其保护作品完整权。

二、两点结论

(一) 坚持以"客观上降低作品声誉"作为侵权判定标准

从前文的论证不难看出,用"客观上是否降低作品声誉"来作为保护作品完整权的判定标准,公正、客观,而且有可操作性。唯一值得补充的是,在判断降低声誉时,社会公众的意见固然是客观依据,但是需要注意调查的丰富性和代表性。例如,某位艺术家将蒙娜丽莎改为泳装女性,并且手握最新款的名牌手机。那么,对于保守的老年艺术爱好者,这可能是一种不可容忍的对艺术的亵渎;而对于相对开明的年轻人,这可能是一种非常机智的艺术改编。因此,在调查社会公众评价时,要使用完整、有代表性和经得起反复验证的科学统计方法。

(二) 用合同和沟通化解法律纠纷

在影视创作中,制片单位作为改编权的合法受让人,从作者手中有偿取得改编权,支付了对价,其改编权应当受到合法的保护。同样,作为出让方的作者,既然以有偿方式出让了改编权,则应当按照合同的约定为受让人的合法改编提供便利,同时也要对受让人依法行使改编权保持适度的容忍。[①] 另外,影视剧的改编和摄制中,应当保证制片者及创作者享有必要的艺术创作自由及表达自由。因此,为了影视市场的繁荣,应当在不损害作者声誉的前提下尽量降低影视公司的改编创作风险。具体而言,可以尝试两个思路。第一,在签订作品改编合同时,双方应当尽量对于改变程度、改编范围作出尽可能的详细约定,同时作者对于不能接受的一些改变方向最好给出明确指示,从而降低相关纠纷发生的可能性;第二,改编方不能签完合同就闭门造车,而是要在不同的关键阶段积极和作者保持沟通和交流,例如,在影片剪辑完毕即将公映之前,邀请作者试看样片,并且听取作者的意见和建议,从而实现事前充分沟通,防止出现"歪曲、篡改"作者意图的可能。

---

① 李景健,王立岩. 改编但不侵犯保护作品完整权,这是一门技术活儿 [N]. 中国知识产权报,2016-09-23.

【典型案例】①

林岫诉称，1998 年底至 1999 年初我创作了六幅"龙文化"书法作品。嗣后，作品原件被他人收藏。上述作品均未发表。未经我授权，网络传讯北京分公司委托图文设计公司制作的 2000 年的挂历上使用了上述六幅作品，且作品的局部被随意放大、缩小，使每件完整作品均被割裂成大小两件作品，严重破坏了原作品结构的完整性，给我精神上造成伤害。图文设计公司、网络传讯北京分公司侵犯了我对上述作品享有的发表权、署名权、修改权、保护作品完整权、复制权、发行权及获得报酬权，故起诉要求判令图文设计公司、网络传讯北京分公司立即停止侵权、销毁侵权挂历并公开赔礼道歉，连带赔偿经济损失 60 万元、精神损失 2 万元并承担本案的诉讼费用。

本院认为，作者运用笔墨技巧所体现出来的每个字的美感以及作者选择一定的章法布局取得书法作品整体形式感的完美和谐，均是影响书法作品的重要因素。不同的笔墨技巧、不同的章法布局均体现了作者对书法作品美感的认识与追求。对字与字之间大小比例的选择及相对位置的安排均属于章法布局之范畴。因此，将书法作品中字与字之间的大小比例、相对位置加以改变的行为，属于对书法作品的修改。涉案挂历中"龙"字与题跋的相对比例发生了变化，且题跋及落款相对于"龙"字进行了右移，致使该书法作品失去了原有的平衡，改变了作者所追求的整体形式美，违背了作者的意愿。因此，网络传讯北京分公司未经林岫许可，修改其作品的行为，破坏了林岫作品的完整性。

---

① 林岫与北京东方英杰图文设计制作有限公司等著作权侵权纠纷案（一审）：北京市朝阳区人民法院（2002）朝民初字第 2216 号民事判决书（节选）。

如何用合同约定著作人身权？

近年来，因为著作人身权而引发的侵权纠纷经常进入公众视野，然而吊诡的是，很多纠纷中的争议双方，往往并非彼此陌生，而是存在在先的著作权合同关系（如转让、许可协议）。

那么，为何会产生这样的纠纷呢？原因可能在于著作人身权本身的特殊性质。很多人认为，著作权属于私权中的财产权，既然是私权，那么根据"契约自由"，完全可以通过合同事先约定好权利的归属，杜绝日后可能发生的财产纠纷；既然是财产权，那么同样可以通过合同作出事无巨细的规定，防范日后可能产生的法律风险。

然而，在著作人身权面前，这两条假设都不成立。著作权包括著作财产权和著作人身权。其中，著作财产权，是指作者基于作品而享有的以财产利益为内容的权利，包括复制权、发行权、表演权、信息网络传播权、摄制权、改编权等；著作人身权，是指作者基于作品而享有的以人身利益为内容的权利，包括发表权、署名权、修改权和保护作品完整权。所谓"署名权"，是指作者在自己作品的原件和复制件上展示姓名的权利；所谓"修改权"，是指作者自己修改或者授权他人修改自己作品的权利；所谓"保护作品完整权"，是指作者保护作品不受歪曲、篡改的权利。从法理上说，首先，著作人身权很难通过合同约定转让或者放弃；其次，即使作者个人愿意通过合同全部转让或者放弃，事实上也很难做到。以下分别举例予以说明。

一、著作权全部转让

实践中，考虑到著作权分为著作人身权和著作财产权，而且种类众多，一些受让著作权的企业为了省事，与作者直接约定"甲方转让乙方作品的复制权、改编权及其他一切有关的权利"。在发生纠纷后，受让方往往将这一条款解释为作者同意转让作品的全部著作财产权和著作人身权。事实上，这种"概括约定"是违反著作权法的。因为《著作权法》第 27 条明确规定，"许可使用合同和转让合同中著作权人未明确许可、转让的权利，未经著作权人同意，另一方当事人不得行使"。

二、转让"署名权"

既然不能概括约定，那具体约定是否可行呢？以署名权为例，有的合同相对方拟定了这样的条款"甲方转让作品的署名权予乙方"。然而，这同样存在很大的问题。

在我国著作权法的理论和实践中，对于著作人身权是否可以转让争议极大。事实上，在我国，并不认可转让著作人身权的合法性，原因在于：第一，我国民法上"人格权不能让渡"早已成为公认的原则；第二，我国现行《著作权法》明确规定可转让的著作权仅限于第 10 条第 1 款第 5~17 项的著作财产权，这显然并不是立法者的疏忽。因此，在立法进一步明确前，合同订立双方应当特别注意著作权合同中涉及著作人身权的条款。

三、放弃"保护作品完整权"

既然不宜约定转让，那约定放弃是否可行呢？以"保护作品完整权"为例，有的合同相对方拟定了这样的条款"甲方永久性放弃对作品的保护作品完整权"。这样的约定同样可能是无效的。原因仍然在于人身性质的权利，即使权利人自身也无权放弃，这在民法中已经成为常识。例如，即使一名消费者和销售者自愿达成协议，这样的合同条款也是无效的——"甲方购入乙方的促销减价商品，如果因为商品质量问题而导致甲方身体伤害，甲方自愿放弃对乙方主张侵权索赔的权利"。

四、怎么办：一种解决思路

上述各种方法（概括性转让、具体约定、约定放弃）都不能规避法律风险，合同双方应该怎么办？笔者认为，尽管按照学理，人身权不能转让和放弃，但是，在著作权中，著作人身权在特定期限和范围内是可以被限制的。例如，"修改权"，如前所述，是指作者自己修改或者授权他人修改自己作品的权利，但是，在某些法律关系下，这种权利是受到范围限制的。例如，对于某个雕塑作品，作者完成后将其出售给某个饭店，则作者在出售后理论上仍然有修改权，但是作者只能通过在作品复制件上行使此项权利；如果要在所有权归属他人（某个饭店）的作品原件上未经同意来署名或者修改，实质上构成对作品原件物权的侵犯。作者要在作品原件上行使修改权，需要得到原件所有权人的配合。当原件所有权人拒绝配合时，作者的修改权就只存在于复制件之上；从某种程度来说，这是一种对权利的限制。

前例足以说明，著作人身权是可以被限制在特定范围和时间内的。因此，以"保护作品完整权"为例，合同双方可以作出这样的约定，"甲方在合同约定期限内对于乙方修改作品的行为不主张保护作品完整权"。笔者认为，这种约定，应当是可行的。

第二章

动漫游戏中的著作权问题

游戏画面受著作权法保护吗？

随着网络游戏在我国的迅猛发展，吸引了成千上万的玩家参与游戏竞技，在这个过程中，各种类型的知识产权纠纷也随之涌现。其中，游戏画面究竟是否构成作品以及构成何种类型的作品，成为亟待解决的法律问题之一。根据游戏画面的特点，可以分为4种类型，以下逐一介绍。

一、静态游戏画面

此类游戏画面，是指那些由静态元素构成而没有动画的游戏画面。例如，某个表现深山幽谷的游戏画面，由山谷、凉亭、花草等构成。

目前，计算机游戏的画面主要分为2D（平面图形）和3D（立体图形）两种形式，其中，3D画面立体感强，表现丰富，是主流计算机游戏采取的表现形式。与现实世界里真实的三维空间有真实的距离空间不同，计算机中只是在视觉效果上模拟真实世界。由于计算机屏幕是平面二维的，我们之所以能欣赏到真如实物般的三维图像，是因为显示在计算机屏幕上时，色彩灰度的不同而使人眼产生视觉上的错觉，而将二维的计算机屏幕感知为三维图像。不难看出，3D游戏画面的创作难度和工作量，要明显高于2D游戏。对于一幅3D游戏画面而言，虽然由计算机临时调用数据即时生成，但其所调用的人物、建筑、道具等模型均为3D图形构成，而这些3D图形本身构成了独创性较高的美术作品，因此作为一个整体，游戏画面无疑也以线条、色彩以及3D模型构成了具有审美意义的平面造型艺术作品。

二、游戏自带的动态画面

此类动态游戏画面，特指游戏程序中固定出现的某段动画，例如游戏的开场动画、背景动画，特效动画或者过场动画，换言之，无论玩家如何表现，只要触发了游戏的某个情节或场景，就会出现一模一样的、固定的动态游戏画面。

此类画面只要符合作品独创性的要求，可以构成作品。在作品类型上，可以被归纳为以类似摄制电影的方法创作的作品。《著作权法实施条例》将电影作品和以类似摄制电影的方法创作的作品定义为"摄制在一定介质上，由一系列有伴音或者无伴音的画面组成，并且借助适当装置放映或者以其他方式传播的作品"。因此，有一种很有代表性的观点认为，类似动态游戏画面这种没有"摄制"行为的创作，不能视为以类似摄制电影的方法创作的作品。但随着实践的发展，这种认识上的束缚逐渐被质疑和消解。事实上，越来越多的科幻电影或者动漫电影，都是依靠计算机进行绘制编辑，并不涉及摄像机的拍摄。[①] 从世界上很多国家的法律实践来看，"连续动态的图像"才是电影作品或者类似摄制电影的方法创作作品的最本质的特征；[②] 从制作技术来看，许多网络游戏动态画面和电影一样都需要分镜运用、动作设计、特效制作和后期剪辑等，与传统电影的界限已经逐渐模糊。

三、有玩家参与的单机游戏画面

这种游戏画面加入了游戏玩家的互动，主要表现为单机类对战游戏，游戏的对手一般是计算机。在这种单机游戏画面中，游戏玩家控制的角色可以任意走动、发动技能，从而在不同的地图位置杀死怪物，并可以表现出不同的动作，似乎游戏玩家也在创造着某种新的东西。但

[①] 王迁. 知识产权法教程［M］. 2版. 北京：中国人民大学出版社，2009：87.
[②] 王迁，袁锋. 论网络游戏整体画面的作品定性［J］. 中国版权，2016（4）.

是，上海浦东新区人民法院已经在"奇迹"著作权纠纷案①中作出回答，具体而言，即便因操作不同而产生不同的连续画面，也均系由开发商的既定程序预先设置好，具有有限的可能性，玩家不可能超出游戏开发者的预设对画面作出修改。不同玩家只要选择相同的角色，使用相同的武器、装备、技能，以相同的路线、进程完成相同的任务，就可以得出完全相同的一系列画面。换言之，对于一般意义上的、有玩家参与的单机游戏画面，即使有著作权，也归属于游戏开发商本身，由于游戏开发对游戏人物及场景设计并非完全开放，玩家并不足以依靠操作角色形成新的作品。

但是，这种情况也有例外，在某些参与度较高、开放性较大的经营建设类的游戏中，允许存在较大的游戏玩家的创作空间，例如如何修建规模较大的城市、如何营建复杂的堡垒体系等，这些均可以体现出一定的个性选择与独创性表达。如果达到作品的最低的独创要求，也可能凭借游戏本身的素材的组合而构成新的作品，从而使得游戏玩家成为新的作者。②

四、有玩家参与的网络对战游戏画面

与第三种类型相比，这种游戏画面不但加入了游戏玩家的互动，而且是两方甚至多方，因此在作品类型分析上更为复杂。

对于这种游戏画面，因为多方互动，使得游戏画面的展现更为随机，如果不考虑游戏的背景或者人物角色造型构成的静态作品（实为第一类类型），就对战画面本身，一般情况仍然不构成作品，但是原因却和第三种类型不同。

首先，竞技游戏中的任何一方玩家无法成为作者。在判断作品的标准中，有一项重要的参考内容就是作品的独创性必须反映出作者的创作意图和个人印记，如果创作意图缺失或不足，即使客观上完成了某种艺

---

① 参见上海市浦东新区人民法院（2015）浦民三（知）初字第529号民事判决书。
② 崔国斌. 网络游戏著作权的基本问题，载于"腾讯研究院"微信公众号。

术成果,也不能认为构成了作品。在游戏竞技中,没有对方选手的互动,单独的一方选手是无法完成比赛的。因为比赛实际上是一场双方玩家的博弈,这种随机性的博弈会导致没有哪一方可以按照自己事先的"意图"来"创作"出某个游戏比赛,因为竞技的实际情况千差万别,各种可能性层出不穷,单独的一方由于"创作意图缺失或不足",难以认为是其独立完成了竞技,从而也无法成为对战画面的作者。

其次,游戏竞技同样不能被认定为双方选手的合作作品。有人会提出这样的设想,既然单独的某个玩家不能成为作者,那么,可否认为对战比赛画面是双方选手合作创作的作品呢?答案同样是否定的。对合作作品而言,必须反映出合作作者某种共同的创作意图,即合作作者对于共同创作的过程和结果有基本的掌控和大致相同的目标。然而,游戏竞技显然并不符合这一要求。不难知道,游戏比赛的双方追求的比赛结果是截然相反的,甲方的创作意图是大比分击败乙方,乙方的创作意图则是针锋相对完胜甲方。不难看出,双方选手彼此对比赛的进程和结果有着截然相反的目标和追求,根本谈不上创作意义上的一致合作和结果意义上的一致追求。唯一谈得上一致的,就是他们都是在统一的竞技规则下各自追求着不同的、难以预测的比赛结果。因此,从这一角度而言,游戏画面的作者同样不应被认为属于双方玩家。

因此,对于这种有玩家参与的网络对战游戏画面,玩家无法成为作者。如果对战画面中的游戏的背景或者人物角色造型构成具有某种独创性的美术作品,能够主张权利的也只有游戏开发商。

【典型案例】[①]

....

原告上海壮游信息科技有限公司诉称,网络游戏《奇迹MU》是由

[①] 上海壮游信息科技有限公司诉广州硕星信息科技有限公司等侵害著作权、商标权及不正当竞争纠纷案:上海市浦东新区人民法院(2015)浦民三(知)初字第529号民事判决书(节选)。

韩国 Webzen 公司创作的顶级网络在线游戏，一经推出便获得重大成功，被多家权威游戏机构评为 2001 年最佳网络游戏。该游戏自 2003 年在中国大陆地区运营，拥有数以千万计的粉丝玩家，其"MU"注册商标、游戏形象、美术作品、场景画面等因此而具有极高的知名度、美誉度。在无数人心目中，《奇迹MU》已不再仅仅是一款游戏，更是伴随自己十年的朋友及一种习惯成自然的生活方式。原告自 2012 年获得了该游戏在中国大陆地区的独家运营权。2014 年，原告发现第一被告开发了一款网页游戏《奇迹神话》，并授权第二被告通过"91wan 网页游戏平台"进行运营和推广，还通过第三被告的"99YOU"网站进行推广。《奇迹神话》完全抄袭了《奇迹MU》，在作品名称、故事情节、地图场景、角色、技能、怪物、装备等的名称、造型多个方面与《奇迹MU》构成实质性相似。第一被告将原告游戏改编为网页游戏的行为侵犯了原告的改编权；第二被告与第一被告深度合作运营《奇迹神话》，共同侵犯了原告的复制权、信息网络传播权；第三被告为《奇迹神话》进行推广并提供链接，存在主观过错，构成对第一被告和第二被告上述侵权行为的帮助侵权。此外，第一被告和第二被告在页游网的宣传稿中使用了"MU"商标，构成侵害商标权。"奇迹"为原告游戏的特有名称，三被告的运营和推广行为构成擅自使用原告的知名商品特有名称。《奇迹神话》的地图、场景、怪物、NPC等抄袭了《奇迹MU》，构成擅自使用原告的知名商品特有装潢。三被告在游戏的宣传中使用了"十年奇迹""神话传奇"等用语，但被告并未做十年网游，作为中国企业也不存在韩流的继承或传承，而原告的游戏自 2003 年进入中国大陆的时间为十多年，故三被告行为构成虚假宣传。三被告的上述行为使得众多网友对《奇迹神话》及其所在网站与原告游戏发生混淆，误以为被告的《奇迹神话》是原告游戏的页游版本，还违反了《反不正当竞争法》第二条。

《奇迹神话》是一部制作粗糙、成本低廉的网页游戏，未取得版号和互联网出版许可证，未在上线运营 30 天内向文化行政主管部门备案，构成非法运营网络游戏，导致原告的商誉受到严重贬损。第二被告熟悉

网络游戏运营相关法律法规，在明知《奇迹神话》内容侵权且不具备相关证照的情况下，依然开出多台服务器大肆运营，客观上扩大了侵权游戏的传播范围。三被告的虚假宣传行为也严重分流了原告的用户，影响权利人的重大利益。据此，根据《商标法》《著作权法》及《反不正当竞争法》起诉，请求判令：1. 第一被告立即停止侵权及不正当竞争行为，停止制作、宣传、运营或授权他人运营侵权网络游戏《奇迹神话》；2. 第二被告立即停止侵权及不正当竞争行为，停止宣传、运营侵权网络游戏《奇迹神话》，删除其运营的"91wan 网页游戏平台"（www.91wan.com）网站及论坛上与原告《奇迹 MU》有关的内容，并要求多玩网、逗游网、页游网等联合推广网站删除与原告《奇迹 MU》有关的内容；3. 第三被告立即停止侵权及不正当竞争行为，停止宣传侵权网络游戏《奇迹神话》，删除其运营的"99You"（www.99you.com）及论坛上与原告《奇迹 MU》有关的内容；4. 第一被告、第二被告赔偿原告经济损失人民币 1000 万元及为维权所支付的合理费用 10 5000 元（其中律师费 10 万元、公证费、打印费及翻译费 5000 元）；5. 第三被告对第四项中不正当竞争行为造成的经济损失承担 50 万元的连带赔偿责任；6. 三被告在《中国知识产权报》刊登公告，并在被告各自网站首页显著位置上连续 30 天刊登公告，澄清事实、消除影响。审理中，原告以第三被告已停止侵权为由，撤回要求其停止侵权及不正当竞争行为的诉讼请求。

审理中，原告进一步明确其主张的作品为《奇迹 MU》网络游戏及构成该网络游戏的相关素材。原告认为，该网络游戏是由美术作品、文字作品、音乐作品、计算机软件等构成的复合型的"其他作品"。在现行法律没有修改的情况下，如果不能用"其他作品"来进行保护，则认为该网络游戏的整体画面属于《著作权法》第3条第（6）项规定的"以类似摄制电影的方法创作的作品"（以下简称"类电影作品"），理由在于：该游戏作为一种大型多人在线角色扮演游戏，具有特定的世界观、题材、故事、情节、场景、环境和对人物的刻画，其设计开发综合了角色、剧本、美工、音乐、服装设计、道具等多个创作手段，具有丰富的故事情节和创作者独特的思想个性、作品风格。从用户感知的角度看，它是摄制在一定介质上，由一系列有伴音或者无伴音的画面组成，借助适当装置放映或者以其他方式传播的，包含了特定人物、场景和故事情节的类电影作品。与传统的类电影作品相比，网络游戏有一定的互动性，不同玩家玩同一款游戏可能呈现出略有差别的观感，但这些细微差别都由开发者事先设计的有限的情节发展线索所确定，其主线任务和整体发展是固定的，不同玩家所呈现出的类电影作品的表现形式无实质性差别。同时，原告还主张该类电影作品中所使用的游戏地图的名称、俯视图及场景，游戏角色的名称和描述、角色技能的名称、简介和图标，武器、装备、怪物、NPC 的名称及造型等组成素材本身构成文字作品、美术作品。原告认为，《奇迹神话》与《奇迹 MU》有 12 个地图名称、13 张地图的俯视图、104 个场景图、三大角色的名称、描述及其26 个技能的名称、简介、图标、71 个怪物、134 个武器、装备及 5 个NPC 的名称、造型相同或高度近似。据此，原告认为，《奇迹神话》与《奇迹 MU》中的相同角色穿戴几乎相同的装备，在几乎相同的地图和场景中，采用相同的路线、进程杀相同的怪，二者的整体画面构成实质性相似。

....

本院认为，就原告主张的游戏整体画面而言，《奇迹 MU》作为一款角色扮演游戏，具有一定的故事情节，由游戏玩家操作游戏角色，遵循一定的游戏规则在游戏场景中升级打怪，并可进行组队等互动性操作。该游戏的核心部分为游戏引擎及游戏资源数据库，其中，游戏引擎为计算机软件，游戏资源数据库的内容包括图片、音像、故事情节、界面设计等游戏素材。当玩家开启操作时，游戏引擎按照其软件的功能设计调用上述素材并在屏幕终端呈现出文字、图片、声音等组合而成的画面，上述画面具有独创性，并能以有形形式复制，是应受著作权法保护的作品。但对于上述游戏画面属于何种作品，我国《著作权法》未作明确规定。关于上述画面是否构成类电影作品，根据《著作权法实施条例》的规定，电影作品和以类似摄制电影的方法创作的作品，是指摄制在一定介质上,由一系列有伴音或者无伴音的画面组成,并且借助适当装置放映或以其他方式传播的作品。从网络游戏的创作过程来看,主要包括两大阶段,一是游戏策划人员进行游戏总体设计,选择游戏引擎、模式、风格、剧情等开发方向;二是在确定需要实现的功能后交予程序员进行具体的代码编写,并由相关人员负责故事情节、各类文字、图片、音乐等游戏素材的设计。其中,游戏策划、素材设计等创作人员的功能与电影创作过程中的导演、编剧、美工、音乐、服装设计等类似,游戏的编程过程则相当于电影的拍摄。从表现形式上看,随着玩家的操作,游戏人物在游戏场景中不断展开游戏剧情,所产生的游戏画面由图片、文字等多种内容集合而成,并随着玩家的不断操作而出现画面的连续变动。上述游戏画面由一系列有伴音或者无伴音的画面组成,通过计算机进行传播,具有和电影作品相似的表现形式。虽然《奇迹MU》的创作方法不是"摄制",但根据《伯尔尼公约》)第2条第(1)项对于类电影作品的描述(assimilated works expressed by a process analogous to cinematography,即以类似摄制电影的方法表现的作品),其本质在于表现形式而非创作方法。我国作为《伯尔尼公约》的成员国,对类电影作品的保护不应与该公约的精神相抵触。因此,涉案游戏的整体画面是否构成类电影作品,取决于其表现形式是否与电影作品相似,故涉案游戏的整体画面可以作为类电影作品获得著作权法的保护。

与传统的电影作品或类电影作品相比,网络游戏具有双向性及互动性,即包含了玩家的参与及玩家之间的互动,游戏的画面变动需要依赖于玩家的操作而产生,且呈现何种画面内容和呈现的顺序由玩家的操作决定,不同玩家的操作或同一玩家的不同操作所呈现的画面并不完全相同。而电影作品、类电影作品一般在观众简单操作设备后即可播放,不同人或不同时间所播放的内容相同。但是,不能因此就否定其类电影作品的性质:(1)玩家操作《奇迹MU》所呈现的画面内容中,地图、场景、怪物、NPC等素材所组成的画面以静止的状态出现,且在游戏中的位置、功能等因不同玩家或不同时间的操作而发生变化,构成了该游戏所有故事、事件发生的场景。可见,虽然不同玩家操作网络游戏所呈现的连续画面可能有一些差别，但其主体部分是相同的。（2）即便因操作不同而产生出不同的连续画面，也均系由开发商的既定程序预先设置好，具有有限的可能性，玩家不可能超出游戏开发者的预设对画面作出修改。不同玩家只要选择相同的角色，使用相同的武器、装备、技能，以相同的路线、进程完成相同的任务，就可以得出完全相同的一系列画面。（3）被告提出游戏画面不是由一系列画面组成，而是由无数系列画面组成，且玩家是众多不同系列画面的作者。但是，《奇迹MU》作为一个大型的角色扮演类网络游戏，开发商创作了大量游戏素材，编写了大量的功能模块，并非提供游戏工具。玩家操作行为的实质是在游戏开发商创作好的场景中，按照设计好的游戏规则进行娱乐。上述过程中，游戏画面由游戏引擎按照既定规则调取开发商预先创作的游戏素材自动生成，并无证据证明玩家在该游戏呈现的画面中增加了不属于开发商预设的内容。因此，在《奇迹MU》的游戏操作中，玩家的行为并不具备作品创作的特征。综上，本院认定《奇迹MU》的连续画面构成类电影作品，其著作权属于游戏开发商。

……………

游戏 APP 中的人物形象被侵权了怎么破？

手机游戏（以下简称"手游"）的井喷式发展，改变了网络游戏的生态，而如何保护知名游戏中的人物形象也日益引起业界关注。2016年，北京知识产权法院一审判决的"MT"手游案，对如何保护知名手游的 IP 要素，给出了自己的答案。

该案中，原告乐动卓越公司是移动终端游戏《我叫 MT on line》《我叫 MT 2》（以下统称《我叫 MT》）的著作权人，前述游戏改编自系列 3D 动漫《我叫 MT》，该动漫的著作权人为七彩之源公司。该公司将对该作品改编成游戏的权利，以及对该作品及其要素独占使用的权利均授予原告。而该案中的被告则开发、运营一款相似的游戏《超级 MT》。原告认为被告在游戏名称、游戏人物姓名、游戏人物形象等方面均侵犯了原告的著作权，并且在运营时涉嫌不正当竞争，遂诉至法院，要求停止侵权、赔礼道歉并赔偿损失。北京知识产权法院经审理认为，被告行为并未构成对原告著作权的侵犯，但构成不正当竞争，遂判决各被告停止侵权并连带赔偿原告经济损失 50 万元。北京知识产权法院通过对这一案件的审理，对于游戏 APP 的名称、人物名称、人物形象的保护标准和侵权比对方法，给出了具体的指引，值得同类案件借鉴。

一、一般的游戏名称、人物名称等短语不受著作权法保护

对于一般的游戏名称、人物名称而言，由于字数过少，难以在有限的表达内传递出作者的某种思想并达到足够的创作高度，因此一般难以认定为作品。例如，在该案中，无论是游戏名称《我叫 MT》，还是人物名称"哀木涕、傻馒、劣人、呆贼、神棍德"，只有和具体的作品或者人物结合才有意义，单独情况下则难以体现出作品的属性。尽管被告

的《超级MT》和相应人物名称"小T、小德、小劣、小呆、小馒"和原告的游戏标题和人物名称有某种相似之处，但法院指出，这些标题和名称既不能体现作者个性化的取舍和选择，也不能相对完整地表达出作者的思想，因此并不构成著作权意义上的作品。

二、对游戏中人物形象的侵权比对规则

该案中，经过法院比对，原告的游戏《我叫MT》中5个人物形象与七彩之源公司的3D动漫《我叫MT》中对应人物形象的面部形象无实质性区别，但在武器和服饰方面具有明显差异，且差异程度已达到美术作品所要求的基本的创作高度。因此，上述5个游戏形象已具有不同于原作的新表达，原告游戏中的上述5个形象已构成对原始作品3D动漫《我叫MT》的改编，即原告作品是对已有作品的改编作品。

改编作品的特征在于既包含已有作品的表达，又包含改编者的创作。在利用他人表达的基础上，改编者进行了再创作，改编的结果和已有作品相比具有独创性，符合作品的要求。如果仅仅利用了已有作品的表达，但是没有改编者的创作，没有形成新的作品，就仅仅是"改编"行为而不能形成"改编作品"。那么，当"改编作品"被侵权时，应当如何维权呢？根据改编作品本身的特点，要分三种情况：第一，如果侵权的部分是改编作品所包含的原始作品的表达，那么，被侵权的其实是原来的作品，应当由原始作品的权利人起诉；第二，如果侵权的部分是改编作品中由改编人新创作的部分，那么，就可以由改编作品的权利人起诉；第三，如果侵权的部分既有原始作品的表达，又有改编人新创作的部分，那么，原始作品的权利人和改编作品的权利人都有权起诉。

具体而言，在该案中，原告的游戏人物的面部形象与已有作品3D动漫《我叫MT》在人物整体造型、面部线条、五官构造及特征等方面基本相同，换言之，这属于原告改编作品中所包含的"原始作品的表达"，原告对这部分并没有权利主张著作权。在武器、服饰方面，原告的游戏人物与3D动漫《我叫MT》存在明显区别。例如，人物"呆贼"在3D动漫《我叫MT》中有淡紫色、土黄色上衣以及通体红色鳞片3

种衣服；在原告游戏《我叫MT》中则身穿土黄色盔甲，肩部双层设计，底色为土黄色镶有黄边，衣服整体被中间的长条宽格及宽格下部小宽格分为3块，宽格两边有对称的绿色带子。显然，相对于人物面部形象，原告在人物武装、服饰方面的改编，才是原告能够主张著作权的基础。因此，在该案中，要确定被告是否侵权，必须满足两个条件：第一，被告侵犯的是原告享有单独著作权的改编作品中的"改编部分"；第二，被告游戏的相应人物形象与原告的相应人物形象构成实质性近似。

因此，法院指出，"因原告五个游戏人物形象系以原有动漫形象为基础而创作的改编作品，故只有被诉游戏中的人物形象使用了原告游戏中对应人物形象不同于原有动漫形象的独创性表达时，该使用才可能构成对原告改编作品著作权的侵犯。因原告五个游戏人物形象的独创性部分体现在人物的武器及服装上，而非人物面部形象上"，因此，法院"仅将原告五个游戏人物形象的武器及服装与被诉游戏中对应5个人物形象中的相应部分进行对比"。经过对比，被诉游戏中的5个人物形象的武器及服饰与原告游戏中5个对应形象的武器与服饰差异较大，未构成实质性近似。例如，在被诉游戏中，人物"小德"的武器为由若干黄色菱形片相连构成顶部，在顶部下端由绿叶装饰的手杖，身穿黄色下端不规则浪型的上衣，下装为绿色镶黄边的布块。而在原告游戏中，"神棍德"身背长柄、顶部呈里面包含十字的正方形的武器，且十字与正方形的交叉点均呈红色，身穿通体为土黄色，居中一竖纹，两波浪形横纹均匀分布，两个黄色宽边袖。因此，被诉游戏中的人物形象的武器及服饰并未使用原告独创性的表达。此外，因被诉游戏的APP头像未显示武器和衣服，其亦未使用原告独创性表达。被诉游戏中相应人物形象的使用不构成对原告改编作品的署名权、复制权及信息网络传播权的侵犯。

三、拯救原告权益的反不正当竞争法

通过上面的分析不难看出，原告的权益在著作权法上难以得到维

护。但是，这并不意味着被告就可以吃到"免费的午餐"。各被告与原告同为手机游戏经营者，原告游戏系在先上线且具有一定知名度，各被告对此显然知晓。在此情况下，除非"MT"属于手机游戏名称中的通常表述，否则各被告应对原告游戏名称或相关人物名称等予以合理避让，但各被告不仅并未避让，反而在对被诉游戏5个人物命名时，采用了与原告游戏相关人物"哀木涕、傻馒、劣人、呆贼、神棍德"相关联的表述方式"小T、小馒、小劣、小呆、小德"，并且有"《我叫MT》原班人马二次开发《小小兽人》更名《超级MT》"等宣传用语，上述事实足以说明各被告具有明显的搭便车恶意，已违反《反不正当竞争法》①第5条第（2）项的规定，构成不正当竞争行为。同时，各被告关于"我叫MT原班人马打造/加盟""MT原班人马打造《小小兽人》正式更名《超级MT》""《我叫MT》原班人马二次开发《小小兽人》更名《超级MT》"等宣传用语表述会使用户认为被诉游戏系源于《我叫MT》动漫或游戏，而各被告并未举证证明上述宣传内容为客观事实，因此，各被告的上述宣传构成虚假宣传行为，违反《反不正当竞争法》②第9条第1款的规定，同样构成不正当竞争行为。

---

①② 指2017年修订前的《反不正当竞争法》。

把二维动漫人物制成毛绒玩具侵权吗？

在网上或者超市购物中，我们经常能看到各种以知名动漫人物形象为基础而制作的毛绒玩具。那么，如果没有得到动漫作品著作权人的同意，制造商的行为涉嫌侵犯作者著作权吗？

如果构成侵权，这种行为最可能构成的是对原作品复制权的侵害，因为这类毛绒玩具基本上再现了影视中的动漫形象。然而，值得思考的是，影视动画片中的动漫形象，大多表现为二维平面形式，而实践中的毛绒玩具，都是三维立体形式，这就产生了一个问题：对他人二维形式的作品，进行三维立体形式的仿制，构成我国著作权法意义上的对"复制权"的侵害吗？

我国现行《著作权法》第10条第（5）项规定，复制权，即以印刷、复印、拓印、录音、录像、翻录、翻拍等方式将作品制作一份或者多份的权利。针对这一定义，产生了针锋相对的两种观点。

一种观点认为，从条文列举的典型行为方式来看，无法看出法定的复制权包含"从二维到三维"的变维复制方式。并且，从二维到三维的复制，并不如二维到二维那么简单，需要一定的技巧。另一种观点则指出，尽管"从二维到三维"的复制与"印刷、复印、拓印、录音、录像、翻录、翻拍"区别明显，但是条文规定采取了"列举＋兜底"的定义方式，而"从二维到三维"的复制也符合"将作品制作一份或者多份"，因此也应包含于"等方式"之中。笔者同意第二种观点，理由如下。

第一，"从二维到三维"的确要比"从二维到二维"或者"从三维到三维"的复制需要更多的劳动甚至技巧，但这种劳动或者技巧不是创造性的劳动。我们知道，智力成果的创作过程需要艰苦的劳动或者高超的技巧，但是构成作品所必需的"创造性"并不简单等同于劳动的多少或者技巧的高低。劳动量无论多寡，只要不构成著作权上的创造，就不能产生出作品。例如，将凡·高的《星空》按照1∶2000的比例精确放大绘制为一幅摩天大楼的墙面画，的确是一种令人叹为观止的技艺，但是，只要各部分都严格遵守这个比例，那么绘画者就没有对这种表达作出任何实质性的改动，没有贡献出源自本人的任何新的点、线、面和几何结构，只要具备扩绘技艺，任何人都可以完成同样的创作。这种技艺本身并不是著作权法所要保护的客体，因为这是一种人类技巧，而不是具体的思想表达。按照同样的逻辑，将二维形象制作为三维毛绒玩具，固然需要一定的技巧，但是毛绒玩具由于完全以动画形象为主要表达内容，因此绝大部分特征表现为正面，而侧面或者背面则基本上不会因为从二维到三维的复制而增加其他独创性的表达。这是因为，毛绒玩具的制作目的就是最大限度还原影视剧中的动漫形象，因此高度相似才是其设计目的，这决定了毛绒玩具的设计在视觉效果上也不允许有差异特征存在。这种视觉效果上的高度近似，正是构成"复制"的基础。

第二，司法实践中，越来越多的法院在相关案件中也支持了"从二维到三维"可以构成复制的观点。例如，在"熊出没"变维复制权著作权纠纷案中，二审法院指出，判断某种行为是否构成对受保护作品的复制，关键在于判断新的载体中是否保留了原作品的基本表达，同时没有通过发展原作品的表达而形成新作品。如果最终表达载体再现了被保护作品或其具有独创性的特征并加以固定，且没有形成新的作品，就应当属于著作权法规定的复制。因此，维度的变化，并不是判断复制构成与否的障碍。

第三，"从二维到三维"构成复制，也是国际上通行的观点，法国、德国、英国、美国等国家均认可"从二维到三维"的复制，例如，英国著作权法第17条规定，复制的具体手段因作品类型而不同，其中对艺术作品的复制而言，包括对平面作品的立体复制和对立体作品的平面复制。

【典型案例】①

....

被上诉人腾讯公司在原审诉称：我公司1999年起就开始在QQ即时通讯服务中使用QQ企鹅卡通形象作为服务形象代言和标志。随着QQ即时通讯的影响扩大，QQ企鹅卡通形象也影响广泛。我公司作为QQ企鹅卡通形象的著作权人，2001年对涉案QQ企鹅卡通形象进行了著作权登记。2006年底，我公司发现北京世纪百旺商贸有限公司（以下简称"百旺公司"）在销售"康福尔SPS－820QQ氧吧过滤加湿器"和"康福尔SPS－820至hip卡通族加湿器"两款加湿器。这两款加湿器将我公司享有著作权的QQ企鹅形象作为产品外观，还在产品包装上直接复制QQ企鹅卡通形象，故意误导消费者误认该加湿器来自我公司或由我公司授权生产。这两款加湿器的生产商均是康福尔公司。经调查，涉案两款加湿器在全国范围内均有销售。我公司认为，康福尔公司未经我公司许可，在其生产的加湿器产品外观和包装上均使用和复制了我公司享有著作权的QQ企鹅卡通形象，构成侵犯著作权的行为。其中"康福尔SPS－820QQ氧吧过滤加湿器"外形侵犯我公司19－2001－F－488号著作权登记证书登记的作品的著作权。"康福尔SPS－820至hip卡通族加湿器"侵犯我公司19－2001－F－486号著作权登记证书登记作品的著作权。百旺公司应当知道我公司是QQ企鹅卡通形象的著作权人，却怠于审查，致使侵权产品得以销售，其和康福尔公司一起构成共同侵权，应当承担共同侵权的连带责任。对百旺公司的销售涉案侵权产品的行为，我公司申请公证处进行了公证。为此，我公司诉至法院，请求判令：百旺公司和康福尔公司停止侵害我公司QQ企鹅卡通形象著作权的行为；百旺公司立即停止销售并销毁具有我公司QQ企鹅卡通形象的"康福尔SPS－820QQ氧吧过滤加湿器"和"康福尔SPS－820至

---

① 佛山市康福尔电器有限公司与深圳市腾讯计算机系统有限公司侵犯著作权纠纷案（二审）：北京市第二中级人民法院（2008）二中民终字第19112号民事判决书（节选）。

hip 卡通族加湿器";康福尔公司立即停止生产、销售并销毁所有上述侵权产品;百旺公司和康福尔公司连带赔偿我公司经济损失 40 万元和为诉讼支付的合理费用 32 544 元。

　　……

　　本院认为:利用公有领域素材进行创作,只要具有独创性的,都属于受著作权法保护的作品。被上诉人腾讯公司对真实的企鹅形象以及公有领域素材进行了拟人化、性别化的处理,加入了自己特有的创作,包括企鹅浑圆的外形、眼睛形状、嘴的形状、围巾的形状和位置,以 QQ 作为企鹅的名称等,性别化创作尤为突现,其创作形式具备独创性,构成受著作权法保护的作品,其依法享有的著作权受法律保护,他人未经许可,不得复制、发行该作品。

　　在此前提下,本案需要解决的争议焦点在于被控侵权产品造型是否是对被上诉人腾讯公司涉案作品的复制。在二审审理过程中,上诉人康福尔公司反复强调了其作品来自于《动画大全》,属于公有领域作品。经比较,虽然被控侵权产品造型与《动画大全》中的几幅作品有雷同之处,但是,鉴于它与被上诉人腾讯公司涉案作品的独创性部分表达形式相同,特别在"康福尔 SPS-820QQ 氧吧过滤加湿器"(女装版)与《作品二》中"Q 妹妹"进行比较时,眼睛的造型修饰的处理手法上、头饰蝴蝶结的造型上,对应部分基本相同,给人的视觉感受一样。因此,可以认定上诉人康福尔公司生产的涉案两款加湿器的外观造型是对被上诉人腾讯公司涉案作品的使用,这种使用形式属于从平面到立体的复制,从而构成对腾讯公司著作权的侵犯。

　　……

游戏攻略使用游戏画面属于"合理使用"吗？

一、问题的提出

（一）基本案情

原告烛龙公司是计算机游戏软件《古剑奇谭》的开发者、著作权人。2010年9月，原告在被告北京图书大厦有限责任公司（以下简称"图书大厦"）处购买了涉案图书《古剑奇谭权威攻略》，该书分"世界"（古剑奇谭综合介绍）、"人物"（主角介绍、技能表）、"历程"（流程攻略）、"分支"（支线攻略）等八部分，使用游戏软件《古剑奇谭》中的游戏画面共计475幅，在图书大厦、中关村图书大厦等处销售。原告烛龙公司遂向法院起诉称：被告中电公司出版发行，被告圣比尔公司和被告图书大厦销售的《古剑奇谭权威攻略》一书，未经原告许可使用了《古剑奇谭》中大量游戏画面作为该书的封面及内容插图，侵犯了原告游戏软件中美术作品的复制权、发行权、署名权、保护作品完整权，故诉至法院请求判令三被告停止侵权并赔偿原告经济损失38万元。[①]

（二）审理结果

法院经审理认为：在游戏攻略中使用游戏图片具有一定的必要性和合理性，在形式上符合《著作权法》第22条第1款第（2）项所规定的为介绍、评论某一作品或者说明某一问题，在作品中适当引用他人已经发表的作品之合理使用情形。但是，《著作权法》第22条只是规定了可以适用合理使用的特殊情形，是否构成合理使用，应结合《著作权

---

① 参见《北京市高级人民法院知识产权参阅案例》。

法实施条例》第21条的规定进行判断,即还应当不影响作品的正常使用,不得不合理地损害著作权人的合法权益。涉案游戏攻略在市场上销售,势必会影响原告官方攻略的销售,对作品潜在市场和价值来说,无疑是不合理的损害,故未经计算机游戏软件著作权人许可,商业性利用游戏画面出版游戏攻略不属于合理使用,构成侵权。综合该案其他情况,判决三被告停止侵权并赔偿原告经济损失。

(三)该案中的焦点问题

在该案中,有两个问题值得人们深思:第一,涉案图书《古剑奇谭权威攻略》未经原告许可使用了《古剑奇谭》中大量游戏画面,那么,游戏画面本身有版权吗?第二,《古剑奇谭权威攻略》既然是《古剑奇谭》的配套游戏攻略,那么它对相应游戏画面的引用,属于"合理使用"吗?

二、具有独创性的游戏画面构成作品

前文提到,目前,计算机游戏的画面主要分为2D(平面图形)和3D(立体图形)两种形式,其中,3D画面立体感强,表现丰富,是目前主流计算机游戏采取的表现形式(如该案中的《古剑奇谭》)。在计算机里显示3D图形,即在平面里显示三维图形。与现实世界里中真实的三维空间有真实的距离空间不同,计算机里只是在视觉效果上模拟真实世界。由于计算机屏幕是平面二维的,我们之所以能欣赏到真如实物般的三维图像,是因为在计算机屏幕显示时,色彩灰度的不同使人眼产生视觉上的错觉,将二维的计算机屏幕感知为三维图像。不难看出,3D游戏画面的创作难度和工作量,要明显高于2D游戏。对于一个3D游戏画面而言,虽然由计算机临时调用数据即时生成,但其所调用的人物、建筑、道具等模型均为3D图形构成,这些三维图形本身已构成独创性较高的美术作品,因此作为一个整体,游戏画面无疑也构成以线条、色彩以及3D建模技术构成的具有审美意义的平面造型艺术作品。

三、游戏攻略可以合理使用游戏画面

（一）游戏攻略与"适当引用"

所谓"游戏攻略"，是指官方或非官方发布的，可以为玩家提供一些通过游戏关卡的经验与心得的文字或视频类的教材，从而引导玩家特别是新手玩家熟悉游戏规则和内容，也被称为游戏秘籍。显而易见，既然是介绍游戏如何过关，就免不了出现游戏画面，那么，游戏攻略可以合理引用游戏画面吗？这就牵涉到对"合理使用"制度的理解。

"合理使用"是指在一定条件之下可以不经著作权人的许可，也不必向其支付报酬而对作品所进行的使用，其目的就是在作品所涉及的三方利益之间（即在作者的利益、利用该作品的企业的利益与广大公众的总体利益之间）寻求一种公正合理的妥协。① 这一制度规定于我国现行《著作权法》的第22条，包括12种具体情形。

在法定12种具体的"合理使用"的情形中，与该案有关的是第（2）种情形，即"适当引用"——"为介绍、评论某一作品或者说明某一问题，在作品中适当引用他人已经发表的作品"。"适当引用"在文化领域一直发挥着巨大作用，因此成为国际通行的"合理使用"的典型行为模式。② 判断该案对游戏画面的使用是否构成"适当引用"，就需要结合"适当引用"的构成要件进行分析。由于前文在"葫芦娃"一案中已经详细介绍了构成要件的内容，这里简单列出。

第一，必须是引用"他人已经发表的作品"，这是引用的范围限

---

① ［西］德利娅·利普希克. 著作权法与邻接权［M］. 联合国教科文组织, 译, 北京：中国对外翻译出版公司, 2000：166.

② 之所以今天的一份《纽约时报》提供的信息量相当于17世纪一位欧洲人一生中接触到的信息量，很重要的一个原因就是，今天的人们有预备知识的存储，而存储部分和《纽约时报》所提供的隐性的或者简略的概念、观点等存在契合，《纽约时报》引用了前人的作品，倘使将来龙去脉都交代清楚，将直接导致下列结果：篇幅不够，自然资源的浪费，作者和读者时间、精力的浪费，读者阅读兴趣的丧失，重复建设和信息污染。也就是说，绝对的不引用不仅是没必要的，而且是不可能的。参见余训培. 合理引用：原则、方法和实践［J］. 中国出版, 2005（5）.

制。这是因为，不经许可引用他人作品，会构成对他人发表权、隐私权的侵犯。

第二，引用的目的必须是"为介绍、评论某一作品或者说明某一问题"，这是引用的目的限制。可以看出，涉案游戏攻略对游戏画面的引用，其目的也是说明如何顺利通过游戏关卡，即"说明某一问题"，而并非直接利用游戏画面销售牟利，因此并不违反"适当引用"的目的限制。

第三，引用的内容必须"适当"，这是对引用的数量限制。不难看出，涉案游戏攻略对游戏画面的使用，相对于一个大型游戏而言，从量的角度而言其画面并未超出限制，从质的角度而言也没有构成游戏的实质部分，因为没有玩家仅仅通过欣赏那些游戏画面就可以满足自己对游戏的实际体验。

综合以上分析可以看出，涉案游戏攻略属于对游戏画面的"适当引用"，游戏画面对于攻略而言仅仅起辅助作用，游戏攻略作为作品的价值、功能并非来自游戏画面，而是来自作者利用游戏图片进行的富有建设性的再创作，其本身无疑属于一种新的作品，而且在游戏攻略中使用游戏图片也具有一定的必要性和合理性。例如，说明迷宫走法、人物属性、隐藏情节等，离开游戏中的相关画面几乎难以实现。游戏攻略的这种使用并非单纯再现游戏中画面、图像本身的艺术价值，而是通过增加新的内容，使这些影像具有了新的价值和功能，这种使用方式符合法定的"合理使用"中的"适当引用"行为模式。这一观点也得到了审理法院的承认，但法院继续指出，这种使用并不符合"合理使用"的要求，即"不影响作品的正常使用，不得不合理地损害著作权人的合法权益"。不难看出，法院对于涉案游戏攻略是否构成"适当引用"，不但对照了法条的构成要件，还结合了"三步检验法"进行判断。

（二）游戏攻略与"三步检验法"

目前，国际通行的"三步检验法"对我国司法实践产生了深远影响。由于我国现行的著作权法对"合理使用"制度采取的是封闭式的立法模式（仅直接列举12种具体行为），导致现实中出现了大量12种

模式之外但又明显不属于侵权行为的"使用"行为，以及落入法定模式但又明显侵权的行为（例如为个人欣赏或者课堂教学"整本复制"他人作品），为了实质正义，一些法院开始重视"三步检验法"的指导作用，在一些案件中，"三步检验法"甚至起到了决定性的作用。例如，在"覃某诉荣宝拍卖公司侵犯著作权案"中，被告在拍卖过程中对作为拍卖标的的原告作品进行了展览、幻灯放映，并复制在拍卖图录中。为拍卖目的而合理展示作品，是很多国家立法中明确规定的合理使用行为。尽管我国著作权法对此并未规定，北京市第一中级人民法院仍认定被告的相关行为构成"合理使用"，显然，这种行为虽然不是我国法定的"合理使用"模式，却符合"三步检验法"的标准。

该案中，审理法院援引了体现"三步检验法"原则的《著作权法实施条例》第21条来检验涉案游戏攻略引用游戏画面的合理性，符合国际趋势，但是其判断结论值得商榷。审理法院认为，"涉案游戏攻略在市场上销售，势必影响原告官方攻略的销售，对作品潜在市场和价值来说，无疑是不合理的损害"，那么，"影响原告官方攻略的销售"与《著作权法实施条例》第21条中的"不合理地损害著作权人的合法利益"有必然的因果关系吗？这就涉及在"三步检验法"中"对他人作品造成不合理的损害"要件的理解。

第一，要求对他人造成损害，但这种"损害"必须是"不合理"的。事实上，"合理使用"制度的出发点，就是为了公共利益而限缩著作权人的利益，而对权利的限缩本身就是一种损害，因此"合理使用"的各种法定行为多多少少都会对著作权人造成不利损害，因此立法者根据损害的程度画定了范围，将一些典型的、可以容忍的行为纳入豁免范围，而将法定行为模式之外的行为定为侵权。因此，不构成"合理使用"的行为，不但要对他人造成损害，而且这种损害必须是"不合理"的。涉案游戏攻略对游戏画面的引用，同样在绝对意义上构成对著作权人的损害（复制了他人享有排他意义的美术作品），但由于具有另外一个正当的目的（向读者介绍游戏的玩法、经验、心得），并不构成"不合理"的损害。判断合理与否的标准，就在于使用者所获取的利益是否主要是源自作品本身。对于游戏攻略而言，其实现销售目的的主要手段还是依靠攻略图书本身的内容（流程、方法、心得等），虽然无法避免使用游戏画面，但是并非属于主要因素，显然，如果一本游戏攻略主要由游戏画面组成，而其他内容少之又少，相关消费者是不会购买的。

第二，对他人造成的损害，不但包括现实损害，还包括潜在的市场利益的影响，但这种影响必须是有边际的。如果不设置边界，那么基于所有的合理使用事实上在不同程度上都会对著作权人造成损害，就会模糊"合理使用"与侵权行为的分界。那么，如何确定这种影响的边际呢？其关键在于判断"替代作用"。换言之，如果引用他人作品的结果是替代了原作品而不是创造了新作品或新产品，就不是合理使用。① 所谓"替代作用"包括两层含义：第一，因为引用他人作品，导致对他人作品形成市场竞争，最终导致他人作品的市场销售量下降和利润减少；第二，这里所说的对他人作品的影响，主要是作品本身或者作品主要独创性内容构成的演绎形式，而非与作品有关的一切衍生产品。那么，涉案游戏攻略会和游戏本身形成竞争关系吗？答案是否定的。

首先，涉案游戏攻略对画面的引用不会导致游戏销售量下降。显然，对有限的若干游戏画面的欣赏，难以取代对大型互动游戏的真实上手体验，因此游戏攻略不能替代游戏，正如《一个馒头引发的血案》不能代替《无极》，电影影评不能代替电影观赏、旅游指南不能代替旅游、教辅练习题不能代替教材本身一样。

其次，涉案游戏攻略会对游戏作者的官方攻略产生竞争和影响，但这并不属于对作品本身的影响。游戏作者的官方攻略属于游戏所衍生的另一种产品，而"三步检验法"所指的潜在市场影响，应当限于作品本身或者使用作品主要独创性内容的产品。从有利于公益消费的角度来看，对于引用作品的少量的非实质性内容的产品，应当允许其他经营者进行合法的产品竞争，这是因为，国家不但应该保护作品，也有义务帮

---

① 邓社民. 数字环境下著作权合理使用与侵权的法律边界——由《一个馒头引发的血案》引起的思考［J］. 法学论坛，2006（6）.

助公众了解新知识、提高精神生活质量。① 显然，如果无限制地将影响延及与作品有关的一切衍生品，就会产生很多令人难以接受的结果。例如，中小学教材的著作权人可以主张市场上的同步辅导习题不得引用自己的教材中的任何内容，因为自己将会出版官方的同步辅导书；又如，电影制片人可以主张他人影评不得引用电影中的具体情节、截图、台词等，因为自己将会推出官方影评。显然，这些逻辑推演的结果事实上都有违市场经济的平等竞争精神。

---

① 陈立风. 著作权合理使用制度解析 [J]. 当代法学，2007（3）.

游戏外挂侵犯他人著作权吗？

2015年，美国暴雪公司展开针对游戏外挂的维权攻坚战，涉及《魔兽世界》《暗黑破坏神3》《暴风英雄》3款网游外挂。暴雪公司将James Enright及其团队诉至美国加州联邦法院，声称游戏外挂破坏了游戏的完整性，侵犯了游戏版权。暴雪公司称，被告通过外挂已经赚取了数百万美元的利润，暴雪公司要求法庭下令，强制被告人停止出售其软件，并赔偿高达数千万美元的经济损失。① 那么，什么是"游戏外挂"，在我国，游戏外挂侵犯他人著作权吗？

一、外挂的种类和性质：附属型与独立型

"外挂"一词系从英文"PLUG – IN"直译而来，指一种通过协助游戏玩家自动产生游戏动作、修改游戏网络数据包以及修改游戏内存数据等方式实现官方版本所不能实现的某种功能的外辅程序。常见的外挂通过以下手段影响正常的游戏程序：修改玩家个人电脑硬盘中安装的客户端程序的源代码；修改玩家个人电脑内存中正在运行的客户端程序的源代码；在服务器与玩家个人电脑之间数据传送过程中，截取从客户端发给服务器端的数据，或截取服务器端对客户端数据作出的响应，并直接修改这些数据；伪造客户端数据，发送给服务器。② 例如某游戏外挂中的"免蜡"功能，能够实现在游戏没有点蜡的情况下让玩家看清周围的事物，具体实现方法是外挂将客户端发送给服务器端的数据包拦截

---

① Ives Duran. 暴雪再战，游戏外挂还能挂多久，载于"知产力"微信公众号。
② 于志刚，陈强. 关于网络游戏中"外挂"行为的刑法思考［J］. 山东警察学院学报，2009（1）.

后，根据需要修改其内容产生符合游戏通信格式的新的数据包，伪装后再发送给服务器并得到服务器认可。①

外挂根据是否独立运行可以分为附属型外挂和独立型外挂。前者属于实务中常见的外挂程序，表现为无法独立运行，必须依附于客户端从而截获客户端发送给服务器的数据并作出一定修改，从而导致这些数据与游戏程序逻辑上本来应当发生的数据结果不符。独立型外挂则可以在不安装游戏客户端的情况下独立运行，直接通过模拟算法产生于客户端类似的数据包，经过格式伪装后发送给服务器端，实现了与用户操作客户端同样的效果。

二、附属型外挂的性质分析：一般不侵犯他人游戏著作权

（一）不能独立运行的"附属型外挂"一般不侵犯主软件的复制权

对于不能独立运行的"附属型外挂"而言，由于其并未复制主软件的主要部分，因此不能独立运行并代替主软件，反而必须以主软件的实际运行为前提。当软件序运行后，通过给主软件发送程序化的命令（例如比人工操作更有效率的批量化命令）从而得出结果，或者通过改变主软件在运行中的中间数据从而实现计算机用户预想的效果。②

对于不能独立运行且必须依靠主软件运行的"附属型外挂"而言，由于其在运行过程可能调用的仅仅是主软件程序的内存函数或复制内存地址、服务器数据等，但这些数据并不等于程序，这种复制仅仅涉及了源代码中的少数内容，并且这些内容并不能构成相对完整的作品，因此难以断言侵犯了主软件的复制权。

（二）不能独立运行的"附属型外挂"一般不侵犯主软件的修改权

第一，从"附属型外挂"的运行机理可知，"附属型外挂"仅仅是对主软件功能的某种加强和优化，相应地，其目的不是改变软件受版权

---

① 石金平，游涛. 论网络游戏外挂的刑法规制 [J]. 政治与法律，2009 (10).

② 例如，某一游戏主程序要求用户通过不停的点击鼠标砍某棵树而得到积分，而相应的"附属型外挂"就可以模拟用户的鼠标点击，从而向游戏主程序发送相关的数据，从而实现同样的角色升级效果。

保护的"代码化指令序列",而是改变其结果呈现方式或者修改其运行过程中的中间数据。对于软件运行中的单纯数据,既不是"计算机程序",也不能作为作品类型受到著作权法保护。更为重要的是,一旦"附属型外挂"关闭,主软件重新启动时,由于没有"附属型外挂"的影响,主软件的运行又会与最初状态无异,换言之,"附属型外挂"只能在主软件和自己同时运行时发挥"临时修改"(只改动中间数据)的作用,一旦主软件重新启动并单独运行,其运算方式、运算结果不会有任何改变。

第二,用户有权对自己合法持有的软件进行修改。《计算机软件保护条例》第16条规定,软件的合法复制品所有人为了把该软件用于实际的计算机应用环境或者改进其功能、性能而进行必要的修改。因此,为了改进主软件的功能或效率,用户有权通过使用"附属型外挂"的方式而改进其功能、性能。

第三,向用户提供"附属型外挂"的行为不构成"引诱侵权"。有论者质疑:尽管用户有权用"附属型外挂"在运行中修改其合法持有的主软件程序,但是《计算机软件保护条例》第16条还规定,除合同另有约定外,未经该软件著作权人许可,不得向任何第三方提供修改后的软件。那么,向第三方提供附属型外挂,是否就不允许了呢?事实上,《计算机软件保护条例》第16条禁止的是"修改后的软件",而附属型外挂充其量只是一个"修改工具",如前文所言,"附属型外挂"本身并不包含主软件的主要文件,因此并非"修改后的主软件",而只是在运行过程中修改主软件程序临时性数据或功能的工具,同样不是法律所禁止的行为,如前文所言使用"附属型外挂"并不构成侵权,因此向用户提供"附属型外挂"的行为同样并不构成"引诱侵权"。

三、独立型外挂的性质分析:侵犯他人游戏著作权

由于独立型外挂不需要游客客户端即可独立运行,换言之,这种外挂已经可以完全取代游戏客户端并生产能够欺骗服务器的数据包(如游戏金币数值),其独立运行而非附加运行的特点也决定了这种外挂必须

大量复制、利用游戏客观端的程序文件而不仅是调用客户端的内存函数或者内存地址。因此，如果这种外挂复制的程序文件构成了自成体系的部分，就不再仅仅是对原有游戏的修改，而是踏入了游戏作品复制权的领地，构成了侵犯著作权的行为。① 例如，张某利用其掌握的计算机专业技术，破译了某游戏客户端和服务器间的通信协议，大量复制官方客户端中的游戏对话文件、基础数据文件、地图文件、登录文件等关键文件，从而制作完成了涉案外挂，并在内容上与客户端构成了实质相似，就构成了对他人游戏复制权、修改权的侵犯；如果在外挂制作完成后，被告人将其复制成多份并用于非法牟利，就可能构成刑法上的侵犯著作权罪的行为。

---

① 王晨恺，秦天宁，瞿勇．制作发行网络游戏外挂行为的刑法适用［J］．政治与法律，2009（6）．

创意积木玩具版权如何保护？

在司法实践中，存在一类特殊的版权产品，其典型表现形式是创意积木玩具。传统的积木表现为立方的木头或塑料固体单元，容许进行不同的排列或进行组合，可拼成房子、动物等造型，具有较大的创造空间，即具有很强的开放性和互动性。笔者这里所要讨论的创意积木玩具，则带有某种固定性和目标性，换言之，这种积木玩具实际上只能组合成某种最终形式（如机器猫或者变形金刚），因此其组成单元实际上并没有太多的连接可能（如果不按照说明书的步骤组合或者不按照组件的合理逻辑进行组合也可能可以组合成某个东西，但一般不能产生具有美感的玩具形象）。

对于这种非开放式的创意组合玩具，具有两个典型特征：第一，各部件最终组合成的目标玩具一般都是具有较高的审美意义和观赏价值的立体造型，因此满足我国《著作权法》中的"美术作品"的要件，而研发企业一般也会登记其版权；第二，组成这种创意玩具的各组件都是带有功能性的组合单元（其功能是互相契合、共同连接，最终组合成目标物体），单独来看，都难以形成某种独立的美感造型，因此难以认为构成"作品"。

由于非开放式的创意组合玩具的两个典型特征，使得这类玩具的研发企业面临版权保护困境：部分不法企业开始模仿生产非开放式的创意组合玩具的组合零件，然后成套出售给消费者，并且尽量规避在包装上或者说明书上出现被模仿玩具的整体形象。前文已经提到，由于这种组合部件本身并不能构成作品，而企业版权登记的是组合部件最终的组合形态，这就使得这种"零件抄袭"的行为在版权侵权判定上难度较大。

关于这种行为，存在三种不同的观点。第一种观点认为，由于组合零件本身明显不构成作品,因此复制、销售组件的行为并不侵犯版权,但是在满足一定条件的情况下构成不正当竞争;第二种观点认为,这种行为实质是通过消费者的组装来完成玩具产品的最终形态,最终形态恰恰是具有版权的作品,因此生产企业实际上是"引诱侵权",构成了对版权的共同侵权或者间接侵权;第三种观点认为,这种行为与消费者无关,生产企业应单独对复制玩具组件的行为承担侵害著作权的法律责任。笔者赞同第三种观点。

第一,反不正当竞争法并非最佳选择。从法律适用上来说,《反不正当竞争法》与其他知识产权的关系是一般规定和特别规定的关系,其他知识产权法有规定的,其规定优先适用;没有规定的,《反不正当竞争法》可以补充适用。如果说其他专门的知识产权法保护的是露出水面的冰山,《反不正当竞争法》保护的就是水面之下人们看不到的冰山底座。因此,如果能够适用《著作权法》的,应当避免适用《反不正当竞争法》,何况,一般而言,《著作权法》在证据获得以及赔偿力度方面较之《反不正当竞争法》更有优势。

第二,复制他人游戏组件的企业并不构成共同侵权或者间接侵权。共同侵权行为是指加害人为二人或二人以上共同侵害他人合法民事权益造成损害,加害人应当承担连带责任的侵权行为。间接侵权(或称"引诱侵权"),是指行为人的行为本身并不构成直接侵权,但却教唆、帮助、诱导他人发生直接侵权行为,行为人在主观上有诱导或教唆他人侵犯专利的故意,客观上为直接侵权行为的发生提供了必要条件,常用于专利领域的侵权责任认定。我国《著作权法》中虽然没有出现"间接侵权""引诱侵权""帮助侵权"的用语,但在《最高人民法院关于贯彻执行〈民法通则〉若干问题的意见》中明确规定,"教唆、帮助他人实施侵权行为的人,为共同侵权人"。这实际上是将《民法通则》中规定的"共同侵权"解释为包括间接侵权。

但是,对于购买创意组合玩具的消费者而言,属于著作权法上的"终端用户",其对产品的个人使用、消费和欣赏,是不会纳入侵权责任范围的。换言之,消费者对玩具的组合行为本身并不是侵权行为,因此不可能和制造、销售玩具的不法企业构成"共同侵权";同样的道理,消费者虽然被"引诱"完成了玩具组装行为,但由于消费者本身的行为并不侵权,因此制造、销售玩具的不法企业同样不构成"间接侵权"。

第三,复制他人游戏组件的企业构成对他人作品的侵权,独力承担侵权责任。尽管复制生产玩具组件的企业似乎并未"完成"对他人作品的最终形态的复制行为,但是,由于这种玩具本身的组件的连接限制以及通常的组装思路,事实上这些零件最终只有一种组合形式(或者在形态上因为部分差异而略有不同,但整体上必然大部分相似),并且,这种玩具的目标或者功能,就是使消费者通过复原他人作品形象的目的来达到娱乐、开发智力的功能目的。因此,考虑到这种产品最终的功能目的和唯一的实质性用途,应当借鉴美国知识产权法上的"实质非侵权用途原则",将这种规避著作权的行为同样纳入著作权的规制视野。所谓"实质非侵权用途原则",源自1984年美国联邦最高法院在"环球电影制片公司诉索尼公司案"中确立的"索尼标准",即如果产品可能被广泛用于合法的、不受争议的非侵权用途,那么即使制造商和销售商知道其设备可能被用于侵权,也不能推定其故意帮助他人侵权并构成帮助侵权。换言之,如果创意组合玩具的组件除了可以拼装成包括他人作品在内的最终形态(如汽车人),还可以自由组合成多种形态(如机器猫、蓝精灵),就不能认为其构成了著作权意义上的侵权;但是,如果创意组合玩具的组件只能组成一种,就可以看出其特定的、明显的侵权意图,可以直接使用著作权法来追究其法律责任。

游戏规则一定不受法律保护吗？

所谓"游戏规则"，是指参与游戏的过程中必须遵守的基础性规定和程序性要求。对于游戏规则，人们很容易想到，这是不受著作权法保护的，因为任何实用性的因素，包括方法规则、技术方案和实用功能都不在著作权法的保护范围之内，这被称为"思想与表达二分法"原则。例如，"牛顿三大定律"虽然伟大，但是作为一种物理规则，是不受著作权法保护的。基于同样的逻辑，我们似乎可以认为，目前各类电子游戏著作权纠纷中涉及游戏规则的部分，不受著作权法保护。

然而，答案并不完全如此。这是因为，人们往往混淆了"游戏规则"和"游戏规则表达"两个概念。以下举一个生活中常见的游戏规则为例予以说明：

主持人召集若干个人（9～19位）上台，人数不能过少，否则没有可玩性。当大家准备好后，主持人每次说"万能胶"，大家每次要回答"粘什么"。主持人随意说出身体某个部位，台上的人就要两人结为一组互相触碰主持人说的部位。例如，主持人说左膝盖，那么台上的人就要触碰组内另一人的左膝盖。而没有找到同伴的人将会被淘汰下台。当台上的人数为双数时，主持人要参与其中，使总人数一直保持为单数。最后剩下的一组胜出。因为游戏难度不高，所以在胜出一组获得奖品时，还可以略微设置一些障碍，例如让其表演一个节目（如果性别相同）或者玩真心话大冒险（如果为一男一女），等等。此游戏要注意，主持人喊出的身体部位要有一定的可操作性，例如，要是不慎喊出舌头，恐怕大家都要笑场。

这是一个典型的游戏规则的表达。但是，值得注意的是，这个规则表达的个性化非常明显，不但有规则本身，还有鲜活的举例、评论、注意事项等，存在较大的表达空间，因此并非该游戏规则的"唯一性表达"（如果构成"唯一性表达"，则游戏规则的表达同样不受著作权法保护），换言之，人们可以用多种方式来表达同样的游戏规则。因此，上文的规则表达就有可能构成文字作品。那么，我们可以得出哪些结论呢？

首先，如果不涉及对文字表达本身的商业性复制，人们可以自由地对游戏规则本身进行利用。例如，人们可以按照该规则在公开场合进行游戏，可以将游戏活动本身拍摄成视频并上传到网络，还可以拍成电影并发行。

其次，由于规则属于"思想"，并不受法律保护，如果人们用新的语言或方式（与上述规则表达不构成相同或者近似）来表达同样的游戏规则，并不违反著作权法。例如，2014年，美国一家公司就《三国杀》桌游侵权问题发起诉讼，原告公司认为《三国杀》桌游的玩法和该公司的桌游《Bang!》一模一样，被告在自己的卡牌游戏中使用了与原告实质相同的游戏规则、玩法等元素，只是存在美术风格的差异，把西方风格换成了中国历史上的三国人物。但美国得克萨斯州法院的判决则并不支持原告诉求，认为游戏玩法规则本身并不受版权法律保护。

最后，关于上述游戏规则的保护。第一，对于游戏规则，著作权法并不保护其中所包含的"规则"（即如何进行游戏），只保护规则的具体表达。如果其他游戏公司在电脑游戏中直接复制了他人原创的游戏规则表达（或者进行微小改动），则原创者在证明了自己的原创身份和该规则表达符合作品构成要件后就可以通过著作权法主张自己的权益；但是，如果在后游戏公司并未以文字形式出现相同或者类似的表达，而是使用了不同的表达来说明同样的规则，则原创者将难以主张著作权法上的权益。第二，对于某种游戏规则表达，如果不足以构成作品，但仍然具有一定的个性化（即并非公有领域的游戏规则表达）表达，而又和人物名称、人物关系等游戏元素一起被其他游戏公司直接在游戏中抄袭，则权利人还可以尝试诉诸反不正当竞争法来维权。

"翻船体"流行凸显版权意识"翻船"

2016年,在微信朋友圈广泛流行着一种"翻船体"的吐槽方式:即借由两只小企鹅谈话的连续漫画,表达了某一行业的槽点和喜乐,最终以"友谊的小船说翻就翻"作为故事的结局。这种"翻船体"自网络兴起以来,以极快的速度得到了传播和翻新,并在各网络公众号经过修改、演绎形成了各种变体。

然而很少有人意识到,这个"翻船体"的漫画图文,是有原创作者的。面对这种现象,"翻船体"的原创作者,一位85后的漫画师"喃东尼",无奈地表示,众多的公众号使用了他的漫画,但未署名也未标明出处,很多侵权的内容阅读量都在十万以上,比他自己的公众号还多。

事实上,"翻船体"出现在网络文化高度发达的当下,说明了生动活泼的文化为网络大众所喜闻乐见,但是同时也揭示了当下网民版权意识的"翻船"和版权认识上的误区。

一、误区一:凡是网上有的就可以"任意使用"

很多人在使用网络资源时,常常认为,从网络上可以自由下载的东西,就是免费的,可以任意使用。典型的现象是,利用他人图片为自己的文章配图时,常常简单标注"图片源于网络",然而这种免责式的声明在法律上毫无意义。这是因为,在使用他人作品时,首先要表明作品来源,这种来源并非使用者获取图片的实际环境和场所,而是要表明作品与原创作者的渊源,即不能侵犯作品的署名权。因此,在网络上使用他人图片等可能构成作品的资源时,一方面要注意其可能存在的著作权,另一方面要在调查了解后正确标明作者身份,不能任意侵犯作者的署名权和其他合法权益。

二、误区二："只要是非营利的，就是"合理使用""

很多人虽然有版权意识，但认为，只要对他人作品的利用是非营利性的，就属于"合理使用"，无须作者同意。这种看法的错误在于：合理使用不但要求不能利用他人作品谋取不当经济利益，而且不能对他人作品造成不合理的损害。换言之，如果使用他人作品没有营利但对他人作品造成了不合理的损害，同样不构成合理使用。例如，《著作权法》规定，"为学校课堂教学或者科学研究，翻译或者少量复制已经发表的作品，供教学或者科研人员使用"，构成合理使用。在实践中，一些学校事实上凭借这一条款将教材进行复印并提供给成百上千的学生用于课堂教学。尽管学校并未以此营利，而且目的也是"教学研究"，但是使用范围和数量显然已经远远突破了合理使用的必要限度。同样，在对"翻船体"的演绎中，尽管很多改编并非为了营利，但是对原创作者控制自己的作品并获得经济回报产生了根本性的威胁和影响，事实上已经超出了合理使用的范围。

三、误区三："翻船体"的翻新属于"戏仿"，是"合理使用"

还有一种代表性的看法认为，"翻船体"在广义上属于"滑稽模仿"的一种形式，即模仿者对模仿对象进行讽刺、嘲弄、讥笑，以达到其对模仿对象所表现出的滑稽、可笑甚至荒谬之处的批判和评论，应当适用我国《著作权法》中的"合理使用"制度。

然而，这种说法同样是站不住脚的。首先，"翻船体"的各种变体不仅是对"翻船体"原作文字部分的改编，更重要的在于，对原作的漫画部分进行了完全相同的复制，即使是"滑稽模仿"也不能在利用他人作品方面达到"基本替代"的程度。其次，由于我国《著作权法》对"合理使用"采取有限列举的形式，即仅仅列举了12种具体情形，没有一般性的判定原则，也没有兜底条款，这使得很多国际通行的"合理使用"方式不在其中。即使"滑稽模仿"满足"三步法"的检验，

但在目前而言，由于《著作权法》第 22 条封闭式的立法例中并未将"滑稽模仿"规定为"合理使用"，使得从严格意义上来说这种使用他人作品的行为仍然存在侵权风险，有侵犯他人的修改权、保护作品完整权和改编权之虞。

第三章

体育比赛和娱乐新闻中的著作权问题

"创意跑步路线图"是作品吗?

2017年,一种新潮的"创意跑步路线图"开始成为跑步爱好者的新宠。所谓"创意跑步路线图"(以下简称"创意跑图"),是指跑步爱好者利用GPS记录功能的设备,将自己的跑步路线记录下来并最终通过设备呈现出来的画面。这些画面,有的像玫瑰,有的像QQ企鹅,有的像"植物大战僵尸"里的动漫形象,有的像中国地图,有的像知名漫画。于是一些爱好者灵感大发,有些将自己跑出来的路线图向国家版权局申请登记为作品。那么,这些创意跑图,受著作权法保护吗?以下对各种说法逐一分析。

一、创作不易是构成作品的充分要件吗?

据报道,有的跑友认为,创意跑图是将艺术、集合、逻辑、空间思维能力集中体现,展示跑步的魅力,启动大脑的想象力,创作难点在于需要天时地利人和,在复杂的道路上创意,登小山、钻树林、不走正道,甚至为了图案完整去翻墙、跨栏杆等。

显然,这种看法将"创作不易"看成作品构成的一个正当性要件。事实上,尽管很多优秀的作品需要作者花费艰苦的劳动,但并非所有花费劳动创造的成果就一定可以构成作品。因为决定作品构成与否的关键在于其中所包含的"独创性"的高低,而非创作者付出的劳动量的多少。某些智力成果的创作过程需要艰辛的劳动或者高超的技巧,但"独创性"并不等同于劳动的多少或者技巧的高低。例如,对于类似古画临摹的很多智力成果的创造,同样涉及技艺的运用,有些甚至要求创造者付出极大的心血,然而,单纯的技艺,即使付出巨量的投入,只要没有著作权法意义上的创造，就不能产生作品。① 因为，单纯的"劳动成果"，在数百年前的确可以基于"额头出汗"原则在英美法系国家受到版权法的认可，但是时至今日，单纯的不带来个性化选择和表达的"创造"已经难以被认定为版权法意义上的创作。例如，将《万水千山》油画严格按照比例用丝线绣在丝绸上，的确是一种令人瞠目结舌的技艺，但是，只要各部分都严格遵守比例，那么绘画者就没有对这种表达作出任何实质性的改动，没有贡献出源自本人的任何新的点、线、面和几何结构，只要具备丝绣技艺，任何人都可以完成相同的任务。丝绣技艺本身却不是著作权法所要保护的客体，因为这是一种人类技巧。

二、载体特别可以创造作品吗？

有的跑友认为，创意跑图创造过程充满乐趣又刺激，绝不是在大平面上画画，或借助导航工具画画，好的创意跑图是具有巧夺天工的灵性之美，让人第一眼看着就喜欢，这本身就是一种艺术作品。

显然，这种观点认为创意跑图的创作方式或者载体很特别，"绝不是在大平面上去画，或借助导航工具去画"，因此也成为其构成作品的一个正当性的证明。这种观点显然又陷入了另一误区。著作权法保护的作品是一种创造性的智力成果，虽然作品的存在和传播依赖于物质载体，但是著作权本身却是一种无体的存在，著作权和作品载体本身可以相互分离。② 比如，艺术玉雕"大禹治水"，作为作品，不是那块玉，而是玉上反映出的大禹造型与山川造型；徐悲鸿的《群马图》，作为作品，不是那张画纸，而是纸上承载的群马造型。③ 所以，作品的构成与否，与载体并无直接关系。例如，同样的玫瑰图案，用铅笔画在 A4 纸上，或者是跑步者自己用脚翻山越岭地画出来，在作品构成上并没有什么本质不同。另外，如果图案本身不构成作品，也不会因为翻山越岭的

---

① 徐俊. 浅析独创性概念 [J]. 中国版权，2011（2）.
② 阳平. 论侵害知识产权的民事责任 [M]. 北京：中国人民大学出版社，2005：92.
③ 郑成思. 著名版权案例评析 [M]. 北京：专利文献出版社，1990：138.

跑步就会改变结果。

三、获得版权登记证书的一定是作品吗？

很多网友认为，某些跑友的创意跑图如果能拿到作品登记证书，就足以说明构成作品。但是，这种观点同样是值得商榷的。

长期以来，在公众心目中存在一种似是而非的印象，即将作品登记证书等同于商标注册证或者专利证书一样的权利证书。事实上，作品登记证书与后两者存在本质区别。商标注册证或者专利证书是一种按照法律规定，通过国家特定机关的严格审核后所获得的一种权利证明，在诉讼中可以作为权利归属的重要凭证。而作品登记证书虽然也可以在诉讼中作为著作权归属的初步证明，但是其效力并不能和商标注册证或者专利证书相比。因为相对于商标注册证或专利证书，作品登记机关颁发作品登记证书的审核要件相对较为宽松，对于登记者是否就是原创作者、作品是否具有独创性，都只是作出初步审查，因此，作品登记证书事实上在诉讼中只能被认为属于"初步证据"，对方如果提出相反证据就可迅速推翻，其证明效力有时还不如作品上的初始署名。换言之，获得作品登记证书的"作品"，很可能根本就不构成作品；也可能构成作品，但不能证明登记者一定就是原本的作者。

那么，如何正确地判定"创意跑图"的版权性质呢？主要需要考虑如下几个方面。

第一，路线图构成作品与否与图案本身的独创程度有关。

首先，过于简单的路线图不构成作品。其次，某些路线图，虽然并不简单，但是属于众所周知的形象（例如"玫瑰花"图案），独创程度较低，那么受保护的强度就会相应减弱，即使构成作品，只要他人的图案与其并不完全相同，就难以认为构成作品抄袭。最后，对于那些较为复杂的线路图，是否构成作品，还要看是否侵犯他人的在先权益，例如，某些近似 QQ 企鹅的路线图，很显然图案形象的著作权仍然属于第一个设计出 QQ 企鹅的原创者，并不会因为有人用了跑步的形式就可以被认为"创作"出另一幅新的作品。

第二，路线图构成作品与跑步本身无关。

著作权法保护的是一种具有独创性的表达，而与表达的载体无关，一幅图画，是不是用铅笔、钢笔、毛笔、丝绣、跑步作出的，只要构图完全相同，并无本质区别。即使某幅跑步线路图构成作品，那也与跑步本身并无直接关系。另外，即使某个跑步线路图构成作品，也无法阻碍他人按照路线图跑步。因为著作权法只保护表达，并不保护抽象的思想、思路、理论、构思、创意、操作方法。例如，某个人用文字写了一本如何制造书桌的书，另一个人据此造出了一个书桌，则书的作者并不能依照著作权法起诉他人著作权侵权。即使跑友的某幅线路图构成作品，他人只要不对线路图进行商业性的复制、发行，还是可以自由按照相应线路跑步健身的。

第三，关于路线图的著作权登记。

著作权登记本身并不能完全说明某个跑步线路图构成作品。但是，著作权登记对于路线图还具有别的意义。对于某些路线图，虽然未必能构成作品，但是完全可能构成某种时尚热点，从而成为某些企业抢注商标的对象，此时跑友如果事前进行了著作权登记，虽然未必能够证明构成作品，但却可以从证据意义上证明一种在先的创作关系，可以据此在商标法上主张一种"在先权利"，从而阻止他人的商标抢注行为。

如何保护体育比赛的直播权？

随着竞技体育的蓬勃发展，对体育比赛的盛况进行全程直播在我国已经成为一个巨大的产业。例如，腾讯公司斥资 5 亿美元与美国 NBA 公司就赛事网络直播等事项达成购买协议；体奥动力用 80 亿元人民币换得中超联赛五年电视信号相关权益；乐视投资将英超在我国香港地区三个赛季的独家转播权收入囊中。同时，我国政府对于体育产品消费市场也非常重视，国务院于 2014 年出台的《国务院关于加快发展体育产业促进体育消费的若干意见》中，将产业规模突破 5 万亿元设定为 2025 年的发展目标。① 与之相对的是，随着互联网的繁荣和手机智能软件的发展，体育比赛直播领域内的侵权开始朝着网络化、技术化、专业化方向发展，直播节目权利人维权难已经成为一个不容忽视的问题，严重阻遏了行业的正常发展。例如，监测数据表明，对于中央电视台 2016 年欧洲杯预选赛的节目，有 100 家网站涉嫌盗播，侵权点播链接超过 8000 个。②

一、体育比赛组织者的权利："场地准入权"

通常来说，重大体育比赛的组织者需要投入大量的资金和人力在特定场地才能成功组织一场比赛，而直播者（通常为电视台或者网站）闻讯前往比赛场地直播比赛时需要向比赛组织者缴纳费用，通常还需要签订直播许可合同。在获准入场直播后，直播者通过安排人员在比赛场

---

① 参见《国务院关于加快发展体育产业促进体育消费的若干意见》（国发〔2014〕46 号文件），2014 年 10 月 20 日发布。
② 参见中国网络版权保护大会. 体育赛事该不该保护［N］. 中国新闻出版广电报，2016－04－29.

所设置多台摄影摄像设备，将拍录的视频、音频，通过个性化的剪辑、编排、加工后，经过场外的通信站将视频、音频信号混合后借助卫星形成电视信号传播到特定目标区域。不难看出，在典型的体育比赛直播过程中，涉及两个权利主体：比赛组织者和比赛直播者。

在体育赛事活动中，存在一种常见的误区，表现为比赛组织者认为比赛是由自己投资组织而成，因此，不但比赛直播者进入场地直播比赛需要获得许可，而且直播者所拍摄的比赛实况以及加工后形成的节目视频、信号，从根本上讲其产权也是属于自己的，这种认识误区在很多著名赛事组织者的章程中都有体现。例如，《国际足联章程》规定，"国际足联、各会员协会以及各洲足联，是各辖区内诸项赛事权利的原始所有人，不受内容、时间、地点和法律的各项限定。这些赛事权利包括各种财产性权利、著作权利、市场化权利以及其他相关权利"。但是，考诸中外法律实践，除了匈牙利、法国等少数国家直接在体育法等专门法律中直接规定比赛组织者对比赛照片、视频和直播信号享有专有权利外，其他国家并不认可比赛组织者的这种"权利宣言"。无论是英国的"小狗展览会案"，比利时的"赛车协会诉 Costich 案"，还是我国的"体奥动力诉土豆网案"，[1] 都表明了比赛组织者对赛事享有权利不代表可以对赛事节目主张权利，组织者通过比赛章程"自说自话"并不能因而就可以在法律上为自己创设民事权利。[2] 从法理上说，这一点也不难理解。例如，某公司投资建设了一个公园，则该公司有权将公园封闭起来，凡是要入园游玩的游客都需要向其付费购买门票。但是，入园游玩的游客对公园内部景物所拍摄的照片或者视频，一般而言其著作权属于游客，该公司不能因为其是公园的投资方和管理者就可以成为照片或视频著作权的权利人。

那么，从法律上讲，比赛组织者享有什么权利呢？在西方，这一权

---

[1] 参见上海市第一中级人民法院（2013）沪一中民五（知）终字第 59 号判决书。
[2] 王迁. 论体育赛事现场直播画面的著作权保护——兼评"凤凰网赛事转播案"[J]. 法律科学，2016（1）.

利被称为"场地准入权",① 即许可比赛直播者进入其控制的比赛场地直播比赛实况的专有权利。在本质上，这属于一种物权性的财产权利，源于对赛事资源的组织，与知识产权并无关联。换言之，对于获得许可进入比赛场地的直播者制作的比赛节目及信号，组织者不能主张权利或予以干涉（除非事先通过合同约定转让），但是，对于未获许可进入比赛场地直播比赛实况或者虽然获得许可进入场地但没有获得直播比赛许可的单位或个人，组织者有权根据侵权责任法或者反不正当竞争法要求其停止侵权并予以赔偿。例如，球赛的观众虽然购票入场，但一般只能拍照或者摄录短视频，如果某个观众利用手机摄像头作为设备直播场地比赛实况，则比赛组织者有权要求该观众停止侵权。

二、体育比赛的法律性质

前文已经说明，除了"场地准入权"外，比赛组织者对场内体育比赛节目并不当然地享有权利（除非通过合同约定转让），而比赛直播者作为比赛节目的制作人，无论是从情理上还是从逻辑上都更有资格成为比赛节目的权利人。面对猖獗的侵权现状，很多比赛直播者将维权思路聚焦到了著作权法。于是，体育比赛能不能构成作品就成为一个首先需要解答的问题。

在对体育比赛节目的讨论中，人们经常容易混淆两个概念：体育比赛和体育比赛作品。所谓"体育比赛"，是指在统一的规则指导下，两个或两个以上比赛选手以夺取特定优胜目标为目的的竞技较量活动。所谓"体育比赛节目"，是以体育比赛为表达内容的通过剪辑、加工形成的视频类产品。

对于体育比赛的法律性质，世界上多数国家已经达成高度共识，即"体育竞技无版权"，这是因为，一般情况下，体育比赛的开展并没有事先安排好的"剧本"，比赛中双方运动员的具体表现、相互博弈都是无法预测的，由此产生的比赛结果也具有极大的随机性、不确定性和不

---

① 朱玛. 利益平衡视角下体育赛事转播权的法律保护 [J]. 河北法学, 2015 (2).

可重复性，因此难以构成作品。①

对于上述观点，人们会提出质疑：对于那些顶级水平的体育比赛，运动员们的优秀表现令观众如痴如醉，这难道不是一种艺术和美感的体现吗？笔者认为，这种看法并非完全没有根据。然而细加分析就不难发现，一项智力成果要构成作品，其首要前提是能确定作者身份，而对体育比赛来说，其天生没有作者。

首先，体育比赛的组织者不是体育比赛的作者。这是因为，作品的"独创性"要求作品"独立创作，源自本人"，而比赛组织者虽然为比赛提供了物质条件，但在具体的某场比赛中既未参与也不能控制双方队员的行为或左右比赛的进程和结果。因此，无论在事实上还是逻辑上，比赛组织者都无法成为比赛的作者。

其次，裁判或运动员不是体育比赛的作者。在作品的判断中，有一个重要的参考因素，就是作品创作必须反映出作者主观上的创作意图。例如，在"晏某诉永城市文物旅游管理局等著作权纠纷案"② 中，某人雕刻了一块石碑，后来石碑表面因为年代久远而发生自然变化，当晚上被车灯照射时会浮现出"人物拔剑斩蛇"的生动影像。但法院并不支持雕刻者构成作者，因为其在雕刻时无法预见若干年后石碑的自然变化，因而也不可能有相应的创作意图。回到体育比赛，按照同样的道理，无论是裁判或者某一方运动员，都没有能力完全按照自己的意图来创作出一场比赛并得到自己计划中的结果。这是因为，实际的比赛充满了各种随机因素，看似实力强大的一方很可能因为一个小小的失误而马失前蹄；实力弱小的一方也完全可能因为一个偶然的因素而反败为胜、扭转乾坤。显然，如果一个行为主体连作品创作的基本进程和结果都无法从宏观上掌控，那就更谈不上从细节上用心雕琢，因此难以成为作者。

最后，比赛参与者在整体上也难以成为作者。对于前面的分析，有

---

① 祝建军. 体育赛事节目的性质及保护方法 [J]. 知识产权, 2015 (11).
② 参见河南省高级人民法院（2006）豫法民三终字第7号判决书。

人必然会提出：能否将体育比赛看成由裁判、双方运动员合力创作的合作作品？答案仍然是否定的。原因在于，合作作品的完成，要求合作各方对作品的创作过程和结果有一个大致相同的创作合意和最终目标。然而，在变幻莫测的赛场上，各方对体育比赛的参与意图是互相冲突的：甲方希望击败乙方；乙方希望完胜甲方；裁判则保持中立两不相帮。可以看出，参与各方除了遵守共同的比赛规则，并没有其他"共同语言"。事实上，一旦哪一天参赛各方能够亲密合作、配合默契地共同完成一场比赛，那只有一种可能，就是"踢假球"。

必须指出的是，本文所讨论的体育比赛，偏指那些对抗性的竞技比赛，至于那些艺术表演色彩较为明显的体育比赛如花样滑冰、花样游泳、艺术体操等项目，仍然可能构成作品，但构成作品的原因不是其中的竞技元素，而是因为其所含有的艺术表演元素。例如，对于很多体育比赛的开幕式、闭幕式、拉拉队表演等活动，会穿插很多歌舞队列、杂技魔术、焰火表演等各种独创性较高的视觉艺术，事实上已经构成了类似春节晚会类型的汇编作品。① 正因为上述原因，在"央视国际诉上海全土豆公司案"② 中，法院判定"2012伦敦奥运会开幕式"构成作品。

三、体育比赛直播者的维权路径

前文提到，单纯的、以竞技为主要表现内容的体育比赛，本身并不构成作品。但是，这并不代表以体育比赛为摄录对象的成果不构成作品。在现实中，对体育比赛进行各种形式的剪辑、编排、加工而形成的精彩视频，令观众血脉贲张、目不转睛，在忠实反映比赛的同时，给观众带来视觉上的美感和艺术上的享受，完全具备了构成作品的条件。即使有些直播节目没有达到作品的标准，也仍有可能构成录音录像制品而受到邻接权的保护。因此，实践中，按照不同的法律路径，比赛直播者

---

① 卢海君. 论体育赛事节目的著作权法地位［J］. 社会科学，2015（2）.
② 参见上海市闵行区人民法院（2013）闵民三（知）初字第241号判决书和上海市第一中级人民法院（2013）沪一中民五（知）终字第227号判决书。

对直播节目的维权方式可以分为以下两类。

（一）通过著作权维权

通过著作权维权的前提，是比赛节目本身构成了满足著作权法要求的作品。从作品类型上说，比赛节目可以构成"以类似摄制电影的方法创作的作品"（以下简称"类电影作品"）。例如，在"新浪互联公司诉天盈九州公司案"[①]中，法院指出，涉案比赛节目的制作，是通过若干台不同位置的活动录制设备拍摄，编导通过对镜头进行选择、编排，最终形成观众看到的画面，包括现场画面、特写镜头、场外画面，并配有点评解说，整体体现了一种独创性，构成作品。

在比赛节目构成作品的前提下，直播者主要基于广播权、信息网络传播权、广播组织权中的转播权维护自己的权利。

（1）广播权，是指以无线方式公开广播或传播作品，以有线传播或转播的方式向公众传播广播的作品，以及通过扩音器或者其他传送符号、声音、图像的类似工具向公众传播广播的作品的权利。主张此项权利主要用来应对在非网络环境下盗播他人比赛节目的侵权行为，例如电视台盗取他人节目信号后在电视上转播或录播。

（2）信息网络传播权，是指以有线或无线方式向公众提供作品，使公众可以在其个人选定的时间和地点获得作品的权利。主张此项权利主要用来应对在网络环境下盗播他人比赛节目信号的侵权行为。例如广播电视台或网站盗取他人节目信号并录播后，上传到网站服务器供他人点击收看。

（3）广播组织权中的转播权，这是一种邻接权，指广播组织（广播电台、电视台）就自己播放的信号享有的专有权利，其保护的客体是节目信号。因此，无论其转播信号的内容是否构成作品，只要擅自转播其广播信号，即涉嫌侵权。从这个角度看，这一权利的保护范围要宽于广播权，但其主体限于广播电台和电视台。例如，在"央视国际公司诉

---

① 参见北京市朝阳区人民法院（2014）朝民（知）初字第40334号判决书。

世纪龙公司案"①中，法院认为，原告并非广播电台、电视台，因此不能主张广播组织权。

不难看出，尽管上述三种权利可以应付大多数的侵权行为，但是对于某一网站盗取直播节目信号并在网络环境下实时转播的行为，三种权利都无济于事。因为网络环境下不能适用广播权；信息网络传播权要求的是"可以在其个人选定的时间和地点获得作品"的交互式网络传播，而在网络上实时盗播属于非交互式网络传播，并不满足这一定义；广播组织权同样在学理上被认为不适用于规制此种环境下的侵权行为，因为无论是《罗马公约》和TRIPS协议还是我国《著作权法》，均没有对"广播组织有权禁止通过信息网络向公众传播其播出的节目"作出明确规定，②在司法实践中也没有得到多数法院的认可。③

为了解决这一问题，一些法院尝试运用《著作权法》中的兜底条款，即《著作权法》第10条第1款第（17）项规定的"应当由著作权人享有的其他权利"。例如，在前述的"新浪互联公司诉天盈九州公司案"中，法院即援引了这一条款判定被告侵权。

（二）通过邻接权维权

如果直播者制作的比赛节目独创性不足，就只能构成录音录像制品，直播者就只能通过邻接权来主张权利。

例如，在"央视国际公司诉世纪龙公司案"和"央视国际公司诉华夏公司案"④中，法院均将比赛节目判定为录音录像制品。相对于作品形式的直播节目而言，只能构成录音录像制品的直播节目将在保护程度上被大大削弱，直播者一般通过信息网络传播权、许可电视台播放权和广播组织权中的转播权来应对侵权行为。

信息网络传播权和转播权的定义如前文所述（只不过传播的对象变

---

① 参见广东省广州市中级人民法院（2010）穗中法民三初字第196号判决书。
② 王迁. 知识产权法教程[M]. 2版，北京：中国人民大学出版社，2009：216.
③ 王迁. 论体育赛事现场直播画面的著作权保护——兼评"凤凰网赛事转播案"[J]. 法律科学，2016（1）.
④ 参见广东省深圳市福田区人民法院（2015）深福法知民初字第174号判决书。

为录音录像制品)。许可电视台播放权是指制作者对于其所制作的录像制片享有许可电视台播放的权利。

对于某一网站未经许可在网络环境下实时盗播直播者的比赛节目,邻接权维权模式同样无能为力。如前文所述因为信息网络传播权和广播组织权中的转播权无法规制网络实时盗播行为,许可电视台播放权只能规制电视台而无法规制网站。更糟的是,构成作品的直播节目至少还可以适用著作权法中的兜底条款,而仅构成录音录像制品的直播节目却连这一途径都无从主张。

由于体育比赛节目拍摄受拍摄位置、观众预期、固定手法等多重限制,多数比赛节目难以构成作品,只能以录音录像制品的方式受到邻接权保护,这使得前述问题更加突出。

四、体育直播的维权出路

(一) 行业自律

在我国网络行业中,不少企业开始自发地相互展开合作,自律性地解决可能发生的各种知识产权纠纷。例如,2015 年,首家"互联网体育知识产权保护联盟"由腾讯、新浪、乐视三家互联网企业共同发起,旨在推进体育比赛直播节目正版化。显然,这种行业自律组织的创设,为化解体育比赛直播节目的著作权纠纷,开辟了一条新路径。①

(二) 司法能动

在司法实践中,一些法院尝试将网站实时盗播比赛节目信号的行为纳入反不正当竞争法调整。例如,在"央视国际公司诉华夏公司案"中,法院认为,诉讼双方均为网络公司,存在竞争关系,被告擅自提供涉案体育赛事网络直播的行为,减少了原告相应的经济收益机会,构成不正当竞争。事实上,在美国早期的涉体育赛事法律纠纷中,反不正当竞争法也是一种经常适用的法律根据。因此,在我国现有法律规定不发生变化的情况下,在著作权法无法适用的案件中,适用反不正当竞争法

---

① 仇飞. 体育赛事版权保护成难题 [N]. 法治周末, 2015 – 07 – 29.

的一般条款，也是一种次优选择。

（三）立法调整

（1）将"体育比赛节目"增设为一种新的作品类型。早在1976年，美国就在版权法中明确了体育赛事节目构成作品；而英国、加拿大在司法实践中均有凭借体育比赛节目版权阻止他人非法传播节目的判例。按照目前我国《著作权法》的作品类型体系，体育比赛节目只能纳入"类电影作品"，而此种类型的作品对独创性要求程度较高，一般的体育比赛节目并不能达到要求，但是比赛直播镜头又的确包含着编导的选择、编排。因此，如果将"体育比赛节目"增设为一种新的作品类型，是一种两全其美的办法。

（2）为比赛直播者增设"传播权"。在大陆法系的日本著作权法规定，无论是无线还是有线放送事业者，都享有"传播可能化权"，对网络环境下各种形式的盗播均可发起维权。[①] 因此，我国可以为体育比赛直播者增设类似功能的"传播权"，而且在范围取消网络是否交互的分类限制，从而有针对性地解决本文前述的各种问题。

（3）将"广播组织权"中的"转播权"扩展到网络非交互式传播范畴。事实上，在2014年公布的著作权法修订草案（送审稿）中，已经出现了相应规定，草案第24条规定，"广播电台、电视台对其播放的广播电视节目享有许可他人以无线或者有线方式转播其广播电视节目的权利"。

【典型案例】[②]

············

原告新浪互联公司诉称：2013年8月1日，我公司发现天盈九州公司在凤凰网（www.ifeng.com）上中超频道首页，显著位置标注并提供比赛的直播：①鲁能VS富力（8月1日）②预告—19：35视频直播申

[①] 祝建军. 体育赛事节目的性质及保护方法[J]. 知识产权，2015（11）.

[②] 北京新浪互联信息服务有限公司诉北京天盈九州网络技术有限公司著作权侵权及不正当竞争纠纷案：北京市朝阳区人民法院（2014）朝民（知）初字第40334号民事判决书（节选）.

鑫VS舜天（8月1日）。点击上述标题后，进入该场比赛的专门页面，显示"凤凰体育讯"，"凤凰体育将为您视频直播本场比赛，敬请收看！"在"点击进入视频直播室"，该页面的浏览器页面标签上的标志为""，标题为"视频直播合作：凤凰互动直播室"字样，且该页面存在大量广告。我公司认为，天盈九州公司未经合法授权，在网站上设置中超频道，非法转播中超联赛直播视频，严重侵犯了我公司的独占权利，存在故意的主观恶意性。故天盈九州公司擅自将电视台正在直播的中超比赛的电视信号通过信息网络同步向公众进行转播的行为侵犯了我方享有以类似摄制电影方式创作的涉案体育赛事节目的作品著作权。同时我方认为，赛事组织者的赛事转播的授权制度是一种值得法律保护的正当的竞争秩序，天盈九州公司的行为破坏了这种商业模式构成的竞争秩序和其所体现的商业道德，构成了不正当竞争。天盈九州公司以显著规避正规授权限制为目的，以非法的、非诚实守信的、不公平的寄生性将我方的中超联赛视频独占播放和转播之利益陷于不当剥夺的境地，攫取了本该属于我公司的经济利益，分流了我方的用户关注度和网站流量；对视频服务的来源做引人误解的虚假宣传，实质上借合作之名，违反商业道德的方式达到在门户网站中直播中超赛事视频的目的。为此，我方依据著作权法、反不正当竞争法及相关法律法规，请求判令天盈九州公司承担停止侵犯我方拥有的中超联赛视频的独占传播、播放权；立即停止对体育赛事转播权及其授权领域正当公平竞争秩序和商业模式的破坏；立即停止以显著规避授权限制为目的，在凤凰网上用与第三方进行所谓"体育视频直播室"合作方式达到门户网站上直播中超赛事视频效果；立即停止向用户作引人误解的虚假表示，对视频播放服务的来源作引人误解的虚假宣传；赔偿我方经济损失一千万元；天盈九州公司在其经营的凤凰网首页及《中国电视报》上发表声明，消除侵权及不正当竞争行为造成的不良影响。

....

新浪互联公司在本案中提出，涉案转播的赛事呈现的画面是受到我国著作权法保护的作品范畴。依照法律规定，具有独创性并能以某种有形形式复制的智力成果，才可构成我国著作权法所保护的作品。是否具有独创性，成为本院判断涉案赛事转播画面是否构成作品的关键。独创性意指独立创作且不具有对他人作品的模仿、抄袭。

　　从赛事的转播、制作的整体层面上看，赛事的转播、制作是通过设置不确定的数台或数十台或几十台固定的、不固定的录制设备作为基础进行拍摄录制，形成用户、观众看到的最终画面，但固定的机位并不代表形成固定的画面。用户看到的画面，与赛事现场并不完全一致也非完全同步。这说明了其转播的制作程序，不仅包括对赛事的录制，还包括回看的播放、比赛及球员的特写、场内与场外、球员与观众，全场与局部的画面，以及配有的全场点评和解说。而上述画面的形成，是编导通过对镜头的选取，即对多台设备拍摄的多个镜头的选择、编排的结果。在这个过程中，不同的机位设置、不同的画面取舍、编排、剪切等多种手段，会导致不同的最终画面，或者说不同的赛事编导，会呈现不同的赛事画面。就此，尽管法律上没有规定独创性的标准，但应当认为对赛事录制镜头的选择、编排，形成可供观赏的新的画面，无疑是一种创作性劳动，且该创作性从不同的选择、不同的制作，会产生不同的画面效果恰恰反映了其独创性。即赛事录制形成的画面，构成我国著作权法对作品独创性的要求，应当认定为作品。从涉案转播赛事呈现的画面看，满足上述分析的创造性，即通过摄制、制作的方式，形成画面，以视听的形式给人以视觉感应、效果，构成作品。

　　综上，乐视公司、天盈九州公司以合作方式转播的行为，侵犯了新浪互联公司对涉案赛事画面作品享有的著作权。就涉案的转播行为，尽管是在信息网络的条件下进行，但不能以交互式使得用户通过互联网在任意的时间、地点获得，故该行为不属于我国著作权法所确定的信息网络传播权的范畴，但仍应受我国著作权法的保护，即属于"应当由著作权人享有的其他权利"。故本院对新浪互联公司主张天盈九州公司侵犯其著作权并据此要求天盈九州公司停止侵权、赔偿经济损失及消除影响的诉讼请求，予以支持。

…………

另类拍摄的新闻照片受著作权法保护吗？

在新闻实践中，为了工作需要，记者常常要采取一些特殊的技术和方法来拍摄新闻照片，这种照片往往因为各种原因而显得与常见的摄影作品"不同"。那么，这样的新闻照片，受著作权法保护吗？

例一：一位新闻摄影师为了拍出体现某街区最美街景的照片，采用了一种特殊拍摄方法：用金属支架制作事先设计好的环形巡航轨道，再将拍摄仪器置于环形导轨之中，通过电脑设置好仪器的运行速度、运行节奏以及在不同位置自动拍摄的角度和焦距，在环形轨道的各特定位置连续自动拍照，从而获得对某个固定街景一天24小时不同天气变化的数千张照片，事后摄影师再从中选取少量具有一定艺术价值的照片。

例二：在某些动物类的报道栏目中，很多记者采取将拍摄镜头固定在动物头上的方法，将动物放回野外，再于一定时间内从动物头上取回拍摄设备，并对动物拍摄的照片进行选择和处理，这样的照片构成摄影作品吗？

例三：某记者听说有水怪（实为一种珍稀水生动物）夜晚在某一湖区出没，于是拿了有自动拍摄功能的相机架设在湖区岸边，镜头对准湖心，并将相机调成每五分钟自动拍摄一次后离开。尝试数天后，该记者取回摄像机并整理照片，发现其中有一张清晰捕捉到了水怪的影像，那么，这张由相机自动拍摄的照片可以构成摄影作品吗？

在上述三个例子中，主要的拍摄过程具有共同之处，即均利用了自动拍摄仪器或者动物，众所周知，在著作权法中，作品必须是人类的智力成果，这就把机器或者动物的成果排除出作品范畴之外。例如，马戏团的大象所画的漫画，无论多么生动也不受著作权法保护。但是，前述的三个例子，却有所不同，其关键在于：无论是拍摄街景、动物还是水怪的过程中，都有人力因素的重要参与，这使得是否构成作品需要进一步深入分析。

事实上，对于有机器或动物参与拍摄的照片，是否可以构成作品，应该进行一分为二的仔细分析：对于那些完全没有体现人类创作意图的客观结果，应当认为不构成作品，例如交警部门在高速公路上架设的监视器，由于镜头被事先固定，焦距、角度、位置等参数无法调整，即使监视器偶然拍摄到了一张非常有价值的照片，也无法构成作品。这是因为，这种照片缺乏个性化的变化，与静电复印并无不同。对于那些体现了人工干预、选择等主观意图的拍摄，即使主要由机器或动物自动完成，只要满足一定的艺术性，同样可以构成作品。

例如，在前述借助动物拍摄的例子中，照片的诞生同样体现了人工选择、干预和判断。在拍摄前，要调查了解动物活动的习性、特点、区域，在拍摄参数（角度、焦距等）上进行预先设定；在拍摄后，要在所得照片中进行筛选，并对目标照片进行后期编辑处理。可见，尽管动物拍摄的成果原则上不能构成受到法律保护的作品（因为著作权的主体只能由人类构成），但由于人类在整个拍摄过程中加入了选择、处理和编辑，因此仍然有可能形成作品并受到法律保护。

同样，在自动拍摄水怪的例子中，水怪照片的诞生同样体现了最低限度的人类的智力性劳动，即拍摄者的选择、干预和判断：在拍摄前，要调查了解水怪出没的时间、地段，在架设相机的位置上要进行判断，在拍摄参数上要进行预先设定；在拍摄后，要在所得照片中进行筛选；此外，这种捕捉带有很大的随机性，需要拍摄者的毅力和多次尝试，有可能构成受到法律保护的作品。基于同样的原因，拍摄街景照片也需要事前的地点选择、角度调整、参数设置和事后的审美选择，同样有可能构成作品而受到著作权法的保护。

【典型案例】①

....

原告诉称：其系外科副主任医师、四川华西医科大学应用技术研究所副所长、中国生物医用材料学会会员、国际生物医用材料学会会员，长期从事生物医用材料的研究，并拥有生物可吸收医用膜、生物可吸收凝胶等十余项生物技术专利。2001年，原告在进行聚乳酸薄膜研究时，在全国范围内率先进行了生物可吸收医用膜用于腹腔镜胆囊切除术的临床手术，并在手术同时进行了录像，获得了临床应用的第一手资料。此后，原告与成都医用塑料厂、成都航利医用生物材料有限公司合作进行生物可吸收医用膜产品产业化，原告从该录像材料中截取了6个关键画面供该产品宣传广告使用，生物可吸收医用膜的销售在业内取得了巨大成功。然而，2004年末，成都市医用塑料厂和成都航利医用生物材料有限公司发现烟台万利公司生产的"粘停宁"产品宣传资料上使用了这6张图片，遂向原告提出质疑。原告经多方调查后在上海强健公司购买到由烟台万利公司生产的"粘停宁"一盒，又取得产品介绍一份，发现该产品介绍中使用了原告的4张图片。原告认为，涉案的6张图片是原告的摄影作品，烟台万利公司以营利为目的未经原告同意擅自使用了上述图片，侵害了原告享有的著作权。上海强健公司销售"粘停宁"时发放使用了侵权图片的产品介绍，亦构成侵权。故请求法院判令：1. 两被告停止侵权，销毁印有侵权图片的"粘停宁"产品宣传资料；2. 烟台万利公司在上海地区性报刊上刊登赔礼道歉声明；3. 烟台万利公司赔偿原告经济损失人民币15万元，并承担原告支出的律师费人民币5000元和调查取证费人民币2158.60元，上海强健公司对上述费用承担连带赔偿责任。

....

---

① 朱某某与烟台万利医用品有限公司等著作财产权纠纷案（一审）：上海市第二中级人民法院（2005）沪二中民五（知）初字第171号民事判决书（节选）。

本院认为：摄影作品是指借助器械在感光材料或者其他介质上记录客观物体形象的艺术作品。在现代科学技术的条件下，录在录像带上的静止图像是以电子技术制成的图片，涉案的6个从录像带中截取的手术画面记录了客观物体的形象，具有一定的独创性，属于著作权法保护的摄影作品。对于两被告关于录像带及截取的画面上均无原告的署名而不能认定原告对该6个手术画面享有著作权的辩称意见，本院认为，原告向法庭提供的腹腔镜胆囊切除术录像带及相关光盘、广元市四一〇医院出具的腹腔镜胆囊切除手术的录像图片资料属于原告所有的证明、刊载了6个手术画面的"生物可吸收医用膜"宣传资料及相关单位出具的宣传资料中刊载的6个手术画面来源于原告的证明等一系列证据具有关联性，证据之间环环相扣，能够互相印证，可以证明是原告在实施腹腔镜胆囊切除手术时利用外接录像设备录制了手术过程，事后又截取了涉案的6个手术画面用于"生物可吸收医用膜"宣传资料。据此，本院认定原告对涉案的6个手术画面享有著作权。

　　…………

小议娱乐新闻的两个版权认识误区

2015年，北京知识产权法院对搜狐视频诉暴风科技公司侵犯其《搜狐视频娱乐播报》著作权纠纷一案，作出终审判决，认定被告构成侵权。此案重大意义在于，法院首次认定了娱乐新闻作品应受法律保护，认为对在播放娱乐新闻影像、图片、画面特效的同时，配合旁白、字幕、音效制作而完成的作品，具有较高的独创性，属于类似摄制电影的方法创作的作品，应受法律保护。事实上，关于娱乐新闻，长期以来存在两个认识误区，亟待澄清。

误区一："娱乐新闻"不是作品，可以任意转载

在新闻界，存在一个广泛的认识盲区，即认为娱乐新闻属于不受著作权法保护的"时事新闻"，可以任意转载、传播。事实上，随着传媒行业的不断发展，如今的娱乐新闻再也不是简单平面的消息传递，而是整合了新闻背景、时尚评论、趣味解读等众多内容在内的独特资讯，既有文字报道、新闻配图、视屏录像、采访录音等多种表达形式的结合，又凝聚了新闻撰稿人、评论员、记者、摄影摄像录音者等多个主体的创造性劳动，早已构成了新闻作品而非简单的事实新闻，同样应受到著作权法保护。例如，有这样一则娱乐新闻，"周杰伦2日晚间久违地撇下奶爸身份，邀约好友刘耕宏与言承旭一起到体育馆打篮球，只见他穿着一身酷帅篮球装，秀出一指神功，马上就把篮球给转了起来，只不过却被眼尖的网友发现，他昔日结实的身材似乎已经消失，原本手臂上凹凸、健壮三头肌的线条全部不见，变成直直的一坨蝴蝶袖"，其中不但有新闻元素，更有作者的生动描述，因此，他人只能传播其中的事实要素（如"周杰伦升级奶爸后形体变化：麒麟臂变蝴蝶袖"），而不能对其他具有独创性的内容任意照抄照转。

误区二:"娱乐新闻照片"不是作品,可以任意转载

这是第二个常见的误区,即认为图片新闻或者配合娱乐新闻的图片都是没有著作权的"时事新闻",可以任意复制、传播。对此,广州知识产权法院在"陈慧琳照片案"中给出了回答,即该案中反映明星生活的娱乐新闻照片本身并不属于时事新闻范畴,媒体在报道娱乐信息时,完全可以自行拍摄照片,应避免引用他人已经拍摄的摄影作品,因为这并非不可避免"必需引用的内容"。

事实上,即使是图片新闻或者新闻配图,同样可以构成受法律保护的作品,不应成为侵权者的"避风港"。正如重庆市高级人民法院在"飞行表演新闻图片案"中所指出的那样,除非新闻图片的画面为唯一性表达,否则任何图片都可以体现摄影记者独立的构思,从确定拍摄主题、设计画面、捕捉拍摄时机等,都包含了拍摄者一系列精神创作活动,是可能符合作品独创性的。并且,新闻图片的独创性并不会因其所传递的信息的性质或者所配文字的变化而发生任何实质性改变,不能仅仅因为其所配发的文字是单纯事实消息就否定其自身的独创性。

【典型案例】[①]

....

原告乔某某诉称,2012年2月3日,原告发现被告在其经营的华龙网(www.cqnews.net)上使用了原告的摄影作品96幅,共使用101次,其中部分作品未署名。上述作品系由原告创作完成并享有完整的著作权,被告使用上述作品,应事先取得原告许可、为原告署名并向原告支付相应的报酬,而被告未履行前述义务擅自使用的行为,侵犯了原告对前述作品享有的署名权、信息网络传播权、获得报酬权,因此,请求法

[①] 乔某某与重庆华龙网新闻传媒有限公司侵害著作权纠纷案(二审):重庆市高级人民法院(2013)渝高法民终字第261号民事判决书(节选)。

院判令被告：1. 立即停止侵权，在华龙网上（不少于三十日）公开登载致歉声明，向原告赔礼道歉；2. 立即向原告支付摄影作品侵权使用赔偿金181 800元；3. 立即向原告支付因本案支付的合理开支11 540元；4. 承担本案全部诉讼费用。

………

本院结合本案查明的事实和双方争议的焦点评判如下：

本案的关键是要正确理解时事新闻的含义。《著作权法》第5条规定，时事新闻不属于《著作权法》保护的对象。《著作权法实施条例》第5条第（1）项又规定，时事新闻，是指通过报纸、期刊、广播电台、电视台等媒体报道的单纯事实消息。由此可见，时事新闻仅指特地为媒体报道而采写的单纯事实消息，因为仅是对时间、地点、人物、起因、经过、结果等新闻要素的简单排列组合，不涉及思想的表达方式，具有表达上的唯一性，属于公有领域的客观事实，不具有独创性，因此被排除在著作权法保护范围之外。故本院认为，判断一则消息是否属于时事新闻，是否为著作权法所调整，应具体考察其是否具有独创性，是否体现了作者的创造性劳动。同时，本院认为，由单纯事实构成的时事新闻虽然不排除图片新闻，但确实应该以文字新闻为主，因为除非新闻图片的画面为唯一性表达，否则任何图片都可以体现摄影记者独立的构思，从确定拍摄主题、设计画面、调整角度到捕捉拍摄时机等，都包含了拍摄者一系列精神创作活动，是极有可能具备独创性的，因此，在审查图片新闻的独创性时应格外审慎。另外，本院还认为，判断图片新闻是否为单纯事实消息并不以其所配发的文字是否为单纯事实消息为标准，应单独审查其独创性，因为一张图片的独创性并不会因其所配文字的变化而发生任何实质性改变。具体到本案而言，本案争议的37幅图片均是文章配图，与一审判决中确认具有独创性的59幅图片在性质上、风格上基本相同，不能仅因其所配发的文字是单纯事实消息就否定其自身的独创性。本案所涉的18篇文章中，《我陆航武直9直11表演高难特技飞行员均曾留学》《特稿：空军三支表演队亮相长春》《高清：解放军史上信息化程度最高红蓝实兵对抗》《我军用激光模拟系统进行信息化程度最高红蓝对抗（1）》4 篇文章分别是对首届中国天津国际直升机博览会、首届航空开放日、运用激光模拟交战系统进行"红蓝"军实兵实装对抗演习等事件的时间、地点、人物、发生过程等现场的客观事实的叙述，不含作者的情感表达、新闻评论等内容，属于单纯的事实消息，而该 4 篇文章所配的 37 幅图片均是乔某某借助数码相机、利用光线条件等记录的客观景象创作而成，从取图的画面、取图的角度、画面的亮度，局部的光彩等都凝聚了其创造性的劳动，属于具有独创性的作品，虽然所配文字属于单纯事实消息，但图片具有独创性，属于对单纯事实进行了独创性的表达，是时事新闻作品，可以成为受《著作权法》保护的作品。因此，一审法院认定 37 幅图片是时事新闻的有机组成部分，属于以图片形成表现的时事新闻，不受著作权法保护有误，本院予以纠正。乔某某关于 37 幅图片是独创作品，不属时事新闻，应受著作权法保护的上诉理由成立，本院予以支持。

被上诉人华龙网还引用《著作权法》第 22 条第 1 款进行抗辩。该条规定"在下列情况下使用作品，可以不经著作权人许可，不向其支付报酬，但应当指明作者姓名、作品名称，并且不得侵犯著作权人依照本法享有的其他权利：……（三）为报道时事新闻，在报纸、期刊、广播电台、电视台等媒体中不可避免地再现或者引用已经发表的作品……"。本院认为，本款规定之目的在于允许新闻报道者在用文字、广播、摄影等手段报道时事新闻时，对所报道事件过程中看到或听到的作品在为报道目的正当需要范围内予以复制。本案所涉图片即属于新闻本身，而非新闻中不得不再现或引用的他人作品，故华龙网的此抗辩理由不能成立。综上，华龙网的行为已经侵犯了乔天富所享有的著作权，应当承担停止侵权及赔偿损失的民事责任。

…………

第四章

艺术中的著作权问题

艺术品原件拍出天价是因为著作权吗？

据报道，2015年11月，美国纽约苏富比拍卖会惊现疯狂一幕：美国抽象艺术大师汤伯利的作品《黑板》创下7053万美元（约合4.5亿元人民币）之天价，同时也打破了作者个人拍卖的最高纪录。然而，这幅价值连城的作品在形式上却令人无比震惊：在黑板上6行的连续圈圈，就像小朋友的涂鸦一样，有网友因此惊呼天价涂鸦"简直是抢钱"。

看到这则新闻和这幅画，首先涌上人们心头的可能是这样一种想法，这幅画可以卖出1.7吨黄金的价格，充分证明了知识产权的胜利。然而，笔者想说的是，这些艺术原件能拍出天价是因为著作权吗？换言之，人们花高价买的艺术作品原件，和著作权有关系吗？笔者认为，答案是否定的。

作品原件是作者的创作第一次与载体发生结合时所形成的物质形

式。例如，承载徐悲鸿奔马图原画的画布，承载《兰亭序》真迹的卷轴等。艺术家在完成作品原件时，实际上同时完成了两个过程：在著作权方面，他将一种无形的思想通过原件这种载体进行了有形表达；在物权方面，他通过亲手将创作的作品与初始载体进行结合，从而赋予了原件远远超出原件材料本身的物的价值。对于具体的作品而言，每个作品对应的原件具有唯一性。作品原件既是承载作品著作权的载体，同时又是承载作品物权的载体，具有"一体两权"的特性。换言之，作品原件的价值包含着表现作者思想表达的知识产权的价值以及原件作为物所具有的价值。值得注意的是，必须区分清楚物的唯一性和作品载体的唯一性。作品原件的唯一性是相对于物而言，这种唯一性正是其作为物具有很大价值的原因所在。但是，作品原件作为作品的载体并不具有唯一性。在现代社会，由于各种影像技术的发展，制作作品原件各种形式的复制件非常容易，所以作品存在于原件和众多的各种形式的复制件之上。从物的价值而言，作品原件无疑要远远超出复制件，有些作品原件价值连城，具有重大的历史意义和艺术价值；但是作为作品的载体，作品原件和复制件并没有什么不同，因为从表现作者的创作内容来看，复制件发挥了与作品原件同样的功能。原因在于，第一，作品的一个重要特征是"可复制性"，换言之，作品必须具有从原件到复制件上进行作品形式意义上的完全转移并且在效果上不发生减损，这种复制必须至少在作品表现效果上是完全相同的，否则就在作品构成要件上存在缺陷；第二，著作权作为一种抽象存在的无体财产权并不需要通过作品物质载体才能实现，著作权保护的对象是一种创造性的智力成果，虽然作品的存在和传播要依赖于物质载体，但是著作权本身是一种无体的存在，著作权和作品载体本身可以相互分离。① 比如，艺术玉雕"大禹治水"，作为作品，不是那块玉，而是玉上反映出的大禹造型与山川造型；徐悲鸿的《群马图》，作为作品，不是那张画纸，而是纸上载的群马造型。②

---

① 阳平. 论侵害知识产权的民事责任［M］. 北京：中国人民大学出版社，2005：92.
② 郑成思. 著名版权案例评析［M］. 北京：专利文献出版社，1990：138.

所以，由于著作权具有非物质性这一特点，决定了著作权的存在、转移和灭失，在通常情况下并不与作品载体（包括作品原件）发生必然联系。①

作品原件由于唯一性而产生了市场供应稀缺的结果，供不应求又导致了作品原件的价格攀升，可见，作品原件的唯一性是原件价格存在升值原因的关键因素。从前文的分析可以看到，追根溯源，作品原件的唯一性是物的意义上的唯一性而非作品载体的唯一性，正是这种差异导致了承载同样作品的原件和复制件在市场价格上的天壤之别。一张宣纸，机械地复制了张大千的一幅画作，除了使这张宣纸承载作品之外，在物的价值上增加的部分非常有限；同样一张宣纸，如果经张大千亲手完成同样一幅画作后，除了使这张宣纸承载相同作品之外，基于前文提到的"双重创造行为"，他使这幅画作在物的价值上遽然飙升。

通过以上作品原件与复制件的比较不难看出，二者的价值悬殊主要在于物的价值，而与所承载的作品的知识产权关系不大，一个很简单的例证就是，同样承载着作者著作权的复制件，在多年后，作品原件的价格翻天覆地时，复制件的价格并没有发生显著变化。从这个角度上来看，就著作权载体而言，作品原件只不过是众多载体中的一种形式，虽然有价值上的特殊性，但是这种特殊性是来自物的唯一性而不是作品的唯一性。换言之，美术作品作为物而言具有唯一性，这种稀缺性正是其作为物具有很大价值的原因所在。

行文至此，我们不难看到，艺术作品原件拍出天价，最主要的原因是原件本身的物权，而不是其上所承载的知识产权，否则就无法解释为何同样的复制品被视为"赝品"而无人问津。明白了这一道理，我们也就明白，著作权法草案送审稿中所涉及的针对艺术品原件交易增值的"追续权"，在本质上并不是著作财产权，而是一种人格化的物权。

---

① 杨明. 知识产权请求权研究——兼以反不正当竞争为考察对象[M]. 北京：北京大学出版社，2005：95.

"从摄影到油画"的临摹是侵权吗?

近年来,在文化艺术领域,出现了大量关于视觉艺术作品的翻拍(从油画到摄影)、临摹(从摄影到油画)和仿作,引发了大量争议和诉讼。例如,画家李跃亮的油画《我小时候》被指与摄影师胡武功的《俯卧撑》非常相似;画家冯明的油画《总理在汶川》被质疑系对摄影师姚大伟《告别北川》的临摹之作;画家燕娅娅的《奶奶》等油画被摄影师薛华克指控为构成对其已拍摄照片的侵权;著名艺术家曾梵志的油画《豹》被网友曝出与英国摄影师拍摄的作品《风雪之豹》如出一辙……那么,这些不同门类艺术作品之间的模仿和借鉴,究竟是艺术创作的自由"切换",还是侵害版权的剽窃行为?

一、肯定论:"挪用"构成"合理使用"

在艺术界,虽然很多人对前述抄袭别人作品构图和内容的做法深恶痛绝,认为不过是"用颜料代替了银盐,用画笔克隆了照片",仍有相当多的人表现出宽容和理解的态度,主要原因包括三个方面:

第一,这种不同艺术门类之间的"挪用"和"转换"是艺术创作的普遍现象,在历史上大量存在,在国外也屡见不鲜。自文艺复兴以来,绘画就一直在寻觅科学之眼。发端于 1839 年法国的摄影技术,为画家打开了另一扇心灵的窗户。19 世纪末,随着黑白摄影技术的成熟,摄影对绘画艺术产生了巨大的影响和冲击,一些画家开始从照片中寻找灵感和素材,一些著名画家则开始偷偷临摹照片,例如安格尔和马奈。[①]

[①] 参见易英. 论艺术创作中的照片与挪用 [EB/OL]. [2018-01-28]. http://collection.sina.com.cn/plfx/20140122/1427141213.shtml.

而一些传世之作，也是依靠照片重新创制的画作，例如数十年前美国波普艺术大师安迪·沃霍尔的《二十五个颜色的玛丽莲·梦露》。

第二，不同门类之间的艺术作品表现语言不同，作品对象不同，"井水不犯河水"，因此"挪用"和"转换"属于"二次创作"，构成合理使用。例如，照片属于摄影作品，其表达形式是镜头语言，体现为摄影师利用摄影器材调整摄影参数对瞬间光影的捕捉和定格；而油画属于美术作品，其表达形式是线条和色彩，体现为画家利用画笔和颜料对画面的描绘和上色。因此，从艺术形式和表达语言上看，二者在版权保护的客体上存在明显区别和界限。因此，借鉴他人照片构图或内容绘制油画，不能简单地评价为"抄袭"，因为画家事实上也付出了极大的技巧和汗水才能使得照片上的画面在变幻载体后得以继续存在甚至效果更具感染力。因此，这种包含极大难度的临摹事实上属于艺术上的再创作，属于版权法上的"合理使用"，应当予以鼓励。并且，"挪用"和"转换"会带来巨大的价值增量，画家选取照片临摹油画后，往往会创作出天价的新作品。例如，前文提到的燕娅娅被指抄袭的其中四幅油画作品分别以20余万元至30余万元的价格拍卖成交；冯明的油画《总理在汶川》在拍卖会上以350万元成交；曾梵志的油画《豹》在拍卖会上以3600万港币成交。

第三，艺术作品的"挪用"和"转换"，在国外也并没有完全受到法律排斥。例如，在美国，对作品的"转换性使用"（transformative use），被认为属于"合理使用"的一种。在 Cariou 案中，被告 Prince 是一位"挪用艺术家"，经常将他人已经完成的照片或者其他图像加入自己的画作或者拼贴画中。该案中，Prince 从 Cariou 出版的摄影集 Yes-Rasta 中撕下照片进行拼贴创作，总共创作了多达30多件拼贴作品并展出，被 Cariou 以侵犯版权为由诉诸法庭。2014年，在该案持续5年之后，联邦第二巡回上诉法院最终作出判决，判定被告 Prince 的行为构成"转换性使用"，没有侵犯他人版权。

二、否定论:"挪用"构成作品侵权

上述"挪用合理论"从表面上看很有"说服力",然而对照《著作权法》的规定不难看出,其实是站不住脚的。

(一)"高精度临摹"并未贡献任何实质的新的作品内容

赞成"挪用合理论"的论者最津津乐道的理由之一,就是不同艺术门类之间的"高精度临摹"需要高超、娴熟的技巧。不难想象,将一幅机器拍摄的照片转化为一幅人力绘制的油画并且纤毫毕现,需要非常惊人的艺术技巧。然而,这种艺术技艺,是否是版权保护所需要关注的内容呢?我们知道,智力成果的创作过程需要艰苦的劳动或者高超的技巧,但构成作品所必需的"创造性"并不简单等同于劳动的多少或者技巧的高低。对于类似古画临摹的许多智力成果的完成,都关涉到技艺的使用,有些甚至要求劳动者多年的付出,然而,单纯的技艺,即使付出巨量的投入,只要不构成版权上的创造,就不能产出作品。① 例如,将《最后的晚餐》按照1:2000的比例精确缩小绘制在一粒大豆上,的确是一种令人叹为观止的技艺,但是,只要各部分都严格遵守这个比例,那么绘画者就没有对这种表达作出任何实质性的改动,没有贡献出源自本人的任何新的点、线、面和几何结构,只要具备缩绘技艺,任何人都可以完成同样的创作。② 而缩绘技艺本身,并不是著作权法所要保护的客体,因为这是一种人类技巧,而不是具体的思想表达。③

因此,不管将他人摄影作品临摹得如何真假难辨,也必然会构成对他人作品独创性表达的复制或改编。尽管不同门类作品之间的表达语言和创作手段迥然有异,但是在版权法范围下有着共同的部分,那就是视觉感受相同的独创性表达,不管这种表达是通过感光材料记录的艺术形象,还是通过线条或者色彩进行表达的造型艺术,只要在视觉效果上高

---

① 徐俊.浅析独创性概念 [J].中国版权,2011 (2).
② 王迁.知识产权法教程 [M].2版,北京:中国人民大学出版社,2009:33.
③ 袁博.论摄影作品的独创性判断 [J].判解研究,2014 (3).

度一致，就已经构成了表达上的实质相同，例如，对"总理在汶川"这一主题思想，可以选择多种视觉表达方式，但以温总理左侧面为画面主元素，北川废墟为背景，则为摄影作品《告别北川》独特的取景表达，而冯明的油画《总理在汶川》选取了与摄影作品一致的画面布局，系利用了该摄影作品的表达。① 而这种实质上的相同，不会因为手段或载体的变换就可以否认复制或改编他人独创性表达的法律责任（前提是存在先行"接触"）。因为画家在这种时候并未加入任何版权意义上的创造性劳动，不管这种转换是多么精致传神和巧夺天工，也只是运用自己的绘画技巧将摄影作品单纯地"移动"到画布上。而且，尽管这种"移动"的技巧可能使新种类的作品在艺术市场上卖出天价，也不能说明其复制、改编他人独创性表达的正当性。即使是某位艺术大师"挪用"了一个儿童在墙上的涂鸦作品到其服装的艺术设计中并获得国际巨奖，也不能否定其行为的侵权本质。正如一位油画艺术家所说的那样，根据照片增加自己的艺术语言和风格，做一些画面元素的改变，这才叫"创作"；如果把别人的照片依葫芦画瓢改成油画，就成了"抄袭"。②

（二）"挪用"与"转换"不构成我国著作权法上的"合理使用"

支持"挪用合理论"的论者认为，对于高精度临摹而言，只是对他人艺术内容的合理借鉴，应当属于"合理使用"。根据我国《著作权法》的规定，"合理使用"是指在一定条件之下可以不经著作权人的许可，也不必向其支付报酬而对作品所进行的使用。其目的就是在作品所涉及的三方（作者、利用该作品的主体与广大公众）利益之间寻求一种公正合理的妥协。③ 这一制度规定于我国现行《著作权法》的第 22 条，包括 12 种具体情形。在法定的"合理使用"的 12 种具体情形中，

---

① 罗云，姚钰.《总理在汶川》是否构成侵权 [EB/OL]. [2018 - 01 - 28]. http：//www. luoyun. cn/DesktopModule/BulletinMdl/BulContentView. aspx？BulID = 6460.

② 参见被指抄袭的画家公开道歉了 [EB/OL]. [2018 - 01 - 28]. http：//news. sina. com. cn/c/2009 - 11 - 10/034616580366s. shtml.

③ [西] 德利娅·利普希克. 著作权法与邻接权 [M]. 联合国教科文组织译，北京：中国对外翻译出版公司，2000：166.

与高精度临摹有关的是第 2 种情形，即"适当引用"——"为介绍、评论某一作品或者说明某一问题，在作品中适当引用他人已经发表的作品"。判断高精度临摹对他人作品的使用是否构成"适当引用"，就需要结合"适当引用"的构成要件进行分析。

第一，必须是引用"他人已经发表的作品"，这是引用的范围限制。显然，不经许可引用他人作品，会构成对他人发表权、隐私权的侵犯。

第二，引用的目的必须是"为介绍、评论某一作品或者说明某一问题"，这是引用的目的限制。可以看出，高精度临摹对他人作品的使用，其目的显然并非为了"介绍、评论某一作品或者说明某一问题"，因此并不符合"适当引用"的目的限制。

第三，引用的内容必须"适当"，这是对引用的数量限制。即引用部分不能构成引用作品的主要部分或者实质部分。不难看出，高精度临摹对他人作品的使用，无论从主要的内容还是艺术灵魂，实质上都难言"适当"，因为纤毫无差的"照搬照抄"，反而是高精度临摹的本意。

综合以上分析可以看出，高精度临摹并不构成对他人作品的"适当引用"，从而也不构成合理使用。

（三）按照国外的标准，"高精度临摹"也不构成"转换性使用"

美国版权法中的"转换性使用"，属于版权合理使用制度中的一种情形，是指利用、转换已有作品的形式，从而实现对作品讽刺、嘲弄、批判或评论的目的。在确定是否构成转换性使用时，同样需要考虑是否构成合理使用的 4 项基本条件：使用作品的目的和属性、原作的性质、被使用部分在原作中所占的质和量的比重、原作的市场潜力在被使用后的影响。[①] 例如，美国联邦最高法院指出，在考虑使用作品的目的和属性方面，要考虑作品转换性使用后究竟仅仅是替代了原作品，还是增加了新的东西。在 *Campbell* 案中，美国联邦最高法院指出，如果新作只是对原作进行了微不足道的讽刺，却大量使用了原作中的内容，并不构成

---

① 李雨峰，张体锐．滑稽模仿引发的著作权问题［J］．人民司法·应用，2011（17）．

"转换性"使用。不难看出，对于一般的高精度临摹而言，其表达内容与原作基本无差别，既没有表达出什么"讽刺、嘲弄、批判或评论"，也没有在新的载体上增加新的意义或者颠覆原有内涵，因此，即使按照美国的"转换性使用"理论，也不足以构成合理使用。

（四）认定"高精度临摹"涉嫌侵权，并不否定对同一对象的再创作

综合前文不难看出，对他人作品高精度的临摹，其实是构成了对他人作品独创性表达的复制权（以各种方式重现他人作品表达）的侵犯。有论者认为，由于艺术作品种类不同，即使是高精度模仿，由于油画创作和摄影的不同，也不可能完全相同，必然有不同的独创性存在，但是即使如此，只要是油画基于摄影的临摹创作，仍然可能侵害原作者的改编权（改变作品并附加新的独创性内容）。因此，在"薛某某诉燕某某著作权纠纷案"（《次仁卓玛》VS.《阿妈与达娃》案）中，一审法院经审理认为，燕某某在绘制涉案油画时参照了薛某某的摄影作品，不仅参照了薛某某作品的主题，还使用了薛某某作品中具有独创性的表达，燕某某的涉案行为属于在不改变作品基本内容的前提下，将作品由摄影作品改变成油画的行为，构成了对薛某某摄影作品的改编。[①]

尽管如此，这并不代表同样的作品题材或对象，他人创作之后就绝对排斥其他人的二次创作或继续创作。例如，某个摄影师对某个老人进行摄影后，另一位画家仍然可以以相同的老人作为肖像画的对象，在这种情况下，由于创作对象相同，摄影作品和绘画作品必然也有某种相似之处，但是这种相似，却不是"高度临摹"那种独创表达的相似或实质相同，而是创作对象的同一性所导致的必然。但是，摄影艺术和绘画创作在记录方式上明显不同，油画人物肖像的创作往往通过素描草图获得素材，在概率上不可能和瞬间形成的摄影作品的细节高度一致，所要表达的思想和灵魂也应当有所差异。摄影圈有这样一句话，"看见的不

---

① 该案双方在二审法院主持下达成和解。一审案号：（2011）朝民初字第 20681 号；二审案号：（2012）二中民终字第 11682 号。

重要，发现的才重要"，这是因为，摄影依靠照相器材可以实现瞬间固定物体形象。而油画创作却需要绘画者通过其眼睛观察创作对象后，再依靠其记忆和绘画技能才得以实现，其创作过程耗时较长、不可能短时间完成。尽管油画作品与摄影作品在表现同一对象时，客观上存在作品主题、表现内容相似的可能性，但在各自独立创作的情况下，由于创作过程、手段完全不同，在人物细微的特征、表情、姿势等方面很难达到高度一致。

三、从薛某某与燕某某诉讼的相反结果看类似案件的裁判规则

在前述"薛某某诉燕某某侵害著作权纠纷"案中，两起诉讼的结果截然相反，这是为什么呢？以下为具体案情细节和裁判结果。

（一）案情比较

1. 《老人》VS.《奶奶》案[①]

该案涉及燕某某的作品《奶奶》是否侵犯薛某某的作品《老人》。2005年，薛某某和燕某某分别前往帕米尔高原，以当地居民为对象进行创作，并在当地相遇。薛某某在诉讼中称《老人》即在当时拍摄完成，并向法院提交了该作品的胶片底片，但未就该作品的发表情况提供证据。燕某某的油画作品《奶奶》分别发表在2006年12月发行的《中国油画》杂志上，以及2007年5月出版的油画作品集《娅娅山上的故事》一书中。为了证明该油画系自己创作，燕某某还提交了一张草图，并附有画中老人家属的证言，称画中形象系燕某某于2005年绘制，燕某某还与老人家属签订了肖像权使用合同。通过对比，《老人》与《奶奶》两幅作品均以手戴戒指的老人脸部特写为画面主要内容，二者在人物的五官特征、姿态、眼神以及头巾的特征等方面相似，但前者为黑白照片，后者为彩色油画，且画面清晰度及手指上戒指的位置不同。

一审法院经审理认为，两幅作品都是以相同人物为特定创作对象的写实作品，通过比对，二者存在的相同之处主要属于人物本身固有的形

[①] 一审案号：（2011）朝民初字第07231号；二审案号：（2011）二中民终字第21796号。

象、姿势和神态，既非燕某某臆想产生，也非薛某某在拍摄过程中创造产生，而是客观存在的。作为不同类型的作品，油画《奶奶》与摄影作品《老人》的创作手法、使用的介质材料均不相同，两幅作品在尺寸、颜色以及局部细节等表现方式上也存在差异。此外，薛某某没有《老人》这幅照片在之前对外发表过的证据，也无法证明燕某某在创作涉案油画时有机会接触这张照片，所以无法认定燕某某构成侵权。综合上述理由，法院判决驳回了原告薛某某的诉讼请求。宣判后，薛某某因不服判决向法院提交了上诉状，但二审法院判决维持一审判决。

2. 《次仁卓玛》VS.《阿妈与达娃》案[①]

该案涉及燕某某的作品《阿妈与达娃》是否侵犯薛某某的作品《次仁卓玛》。1997年5月，薛某某个人摄影集《藏人》一书由中国摄影出版社出版，该书收录了其摄影作品《次仁卓玛》。2006年12月，《中国油画》杂志2006年第6期刊登了燕某某的油画《阿妈与达娃》。将《次仁卓玛》与《阿妈与达娃》进行比对，二者表现的画面主体均为一名坐在房间内哺乳孩子的藏族妇女，在整体构图、场景布局、人物细微的姿势、神态、服饰特征以及物品摆放、光线明暗的处理等方面均相同，只是油画的画面较为模糊。燕某某称上述油画是其前往西藏写生时创作，在其写生的同时，薛某某在相同角度进行了拍照。就此，燕某某提交了一幅日期标注为"1992"的草图，但该草图的内容仅为怀抱孩子的妇女形象，并未显示房间内的布局、物品摆放以及人物服装、配饰等特征。

一审法院经审理认为：薛某某的摄影作品和燕某某的油画系以相同人物为创作对象的两种类型不同的作品。通过对比，燕某某的油画与薛某某的摄影作品存在高度相似。燕某某为证明涉案油画系其独立创作仅提交了一幅草图，但该草图与涉案油画存在明显差异，且标注时间与其作品集中标注的涉案油画年份亦不相符，因此不予采信。与摄影依靠照相器材瞬间固定物体形象不同，油画的创作需要绘画者通过其眼睛观察

[①] 一审案号：（2011）朝民初字第20681号；二审案号：（2012）二中民终字第11682号。

创作对象后，再依靠其记忆和绘画技能将之在平面上表现，其创作不可能短时间完成。尽管二者在表现同一对象时，存在作品主题、表现内容相似的可能性，但在各自独立创作的情况下，由于创作过程手段完全不同，二者很难达到涉案油画与摄影作品如此高度的相似。并且，薛某某的摄影作品在先发表，燕某某有机会接触到该作品。综上可以认定，燕某某在绘制涉案油画时参照了薛某某的摄影作品。通过对比燕某某的涉案油画与薛某某的摄影作品，除作品类型不同外，二者所表现的人、物、场景的画面形象基本相同，表明燕某某在绘制涉案油画时不仅参照了薛某某作品的主题，还使用了薛某某作品中具有独创性的表达。由于创作方法不同，涉案油画与薛某某的摄影作品相比，二者在视觉上仍存在差异。因此，燕某某的涉案行为属于在不改变作品基本内容的前提下，将作品由摄影作品改变成油画的行为，构成了对薛某某摄影作品的改编。但燕某某改编薛某某的摄影作品，并未取得薛某某的许可，且燕某某还将改编后的油画作品用于展览、出版并对外拍卖，亦未向薛某某支付报酬，故侵犯了薛某某对涉案摄影作品享有的改编权，应当承担停止侵权、赔偿损失的法律责任。遂判决燕某某停止侵权并赔偿薛某某经济损失1.5万元。一审判决后，薛某某和燕某某均提起上诉。二审过程中，在法院主持下，双方达成和解。

（二）裁判决结果分析

分析：为何两起案件案情相似，却有截然相反的裁判结果呢？笔者认为，主要是基于以下两个原因。

1. 是否满足"实质相似加接触"的判定条件

在我国司法实践中，判定作品之间是否构成侵权的重要标准之一，就是"实质性相似加接触"标准。这个标准的含义是，如果证明涉嫌侵权作品与受著作权保护的作品构成实质相似，同时作品权利人又有证据表明被告在此前具备了接触原作品的机会或者已实际接触了原作品，就可以推定为著作权侵权。

对于认定是否"接触"，只需要证明涉嫌侵权者有合理机会或足够概率"能够"接触到被侵权作品即可。在案件一中，薛某某没有《老人》这幅照片发表过的证据,也没有证据证明他给燕某某传过照片,也就无法证明燕某某接触过这张照片,所以不能满足"实质性相似加接触"中的"接触"要件,进而无法认定燕某某构成侵权;与之相对,在案件二中,薛某某的摄影作品发表于1997年5月,燕某某的作品发表于2006年12月,燕某某完全有机会接触到该作品。因此,根据概率和经验法则可以推定燕某某在绘制涉案油画时"接触"了薛某某的摄影作品,再结合后面的"实质性相似"的论证,因此法院判定燕某某构成侵权。由此可以看出,对于美术作品的作者而言,要尽量保存自己作品在最早阶段完成和发表的证据,从而为以后可能出现的侵权纠纷保存重要依据。

2. 两起案件中作品相似部分不同

在案件一中,二者存在的相同之处主要属于人物本身固有的形象、姿势和神态,既非燕某某臆想产生,也非薛某某在拍摄过程中创造产生,而是客观存在的。在案件二中,二者表现的画面主体均为一名坐在房间内哺乳孩子的藏族妇女,在整体构图、场景布局、人物细微的姿势、神态、服饰特征以及物品摆放、光线明暗的处理等方面均相同。由于案件二中可以自由创作的空间明显更大,因此在满足"实质性相似"的前提下更容易被推定为侵权,除非被告能举出足以推翻推定的相反证据。

"纹身"上的版权

据报道，2015年初，对詹姆斯、科比在内众多NBA球星身上的纹身享有著作权的Solid Oak Sketch纹身工作室将某游戏制造商诉诸美国法院。原因是这个因研发篮球游戏而知名的公司在游戏中塑造的栩栩如生的球星身上，使用了涉案的纹身。在美国，这并不是因为纹身而导致的首例诉讼。早在2012年，纹身设计师Chris Escobedo就从使用他纹身作品的游戏商那里通过诉讼拿到了22 500美元的赔偿金。

那么，在我国，运动员委托纹身师给自己纹身后，是否有权将包括纹身在内的肖像授权给游戏公司用来研发游戏？游戏公司是否需要取得纹身师的许可？

一、运动员 VS. 纹身师

对于运动员来说，他付费请专业纹身师给自己纹身，双方之间实际达成了一个委托创作的合同。如果纹身所包含的图文来自纹身师独创的个性化设计，具备足够的独创性，就可以构成作品，并且构成委托创作的作品。此时，纹身作品著作权的归属，就取决于双方对此有无约定。

现行《著作权法》第17条规定，受委托创作的作品，著作权的归属由委托人和受托人通过合同约定。合同未作明确约定或者没有订立合同的，著作权属于受托人。现实中，由于普通人并不熟悉著作权法，因此常常在订立相关合同时不会对著作权作出明确约定，这就导致根据法律规定，委托创作作品的著作权归属于受托人。换言之，以纹身为例，就是尽管运动员付了劳务费，但是如果不事先约定，那么纹在他身上的纹身，其著作权仍然归属于纹身师。

显然，纹在自己身上，而且又付了费，著作权却属于别人，这会大大限制运动员对纹身的利用。为了平衡这种不公平的类似现象,《最高人民法院关于审理著作权民事纠纷案件适用法律若干问题的解释》第12条对此进行了补充,规定:"按照著作权法第十七条规定委托作品的著作权属于受托人的情形,委托人在约定的使用范围内享有使用作品的权利,双方没有约定使用作品的范围的,委托人可以在委托创作的特定目的范围内免费使用该作品。"

"约定使用范围"很好理解,那么,在没有约定使用范围的情况下,什么是"委托创作的特定目的范围内"呢?该范围是指,双方在委托创作的过程中基于作品的属性和委托创作的目的而能正常预见的范围。例如,知名球星在各种商业报刊、商业广告、商业活动中会经常现身,而他的形象、肖像、五官也会经常出现在各种商业传媒上,他的形象本身就意味着巨大的商业利益。对于这一点,一般人都是知晓和理解的。因此,在运动员和纹身师事实上形成的委托创作合同关系中,即使事先并未明确约定纹身作品的使用范围,但是运动员将包含纹身的形象、肖像用于各种商业活动,符合正常认知、行业常识和商业习惯,即一种"期待可能性",推定纹身师应当知晓。因此,运动员在纹身后将包含其纹身在内的形象、肖像等授予游戏商、广告商使用时,属于在"委托创作的特定目的范围内"的合法使用,无需纹身师同意,也不需要向其另行支付费用。

二、纹身师 VS. 游戏制造商

当纹身著作权因为约定不明而归属于纹身师时,如前文所述,运动员仍然有权许可游戏制造商在游戏中使用其肖像,但是由于其形象中包含纹身,那么此时游戏制造商的商业性使用会对纹身师著作权构成侵害吗?笔者认为,这取决于游戏制造商如何表现纹身。

一方面,如果游戏制造商在游戏中正常、合理地使用运动员的肖像制作游戏人物,为了追求人物真实,自然难以避免将纹身图案也如实地绘制上去,但是这属于对事实的客观陈述,本质上属于对作品的"事实性再现"而非"功能性利用",因此属于对他人作品合理使用的范畴。

现行《著作权法》第 22 条第（2）项规定，为介绍、评论某一作品或者说明某一问题，在作品中适当引用他人已经发表的作品，可以不经著作权人许可，不向其支付报酬，即构成"适当引用"。显然，真实再现球星的人物形象而如实表现其身上的纹身，完全符合情理。值得注意的是，"适当引用"在一般情形下并不包括全部引用他人作品，但对于纹身这种特殊情形，游戏制造商事实上难以"部分引用"。

另一方面，尽管游戏中再现纹身有合理的理由，但游戏制造商不能滥用，即不能以不合理的形式，例如将纹身图案放大、给出特写，甚至将纹身图案脱离运动员身体后单独在游戏中加以利用（例如做成 Logo），如果这样，根据现行《著作权法实施条例》第 21 条的规定，就会"影响该作品的正常使用"，同时"不合理地损害著作权人的合法利益"，最终不构成对纹身作品的合理使用，并可能涉嫌侵权。

"创意"受著作权法保护吗？

近年来，各类综艺节目模式流程的抄袭和撞车屡见不鲜，"创意"保护这一问题开始高调进入公众视野。"思想表达二分法"的原则发展到今天，"单纯的思想和构思不受法律保护"已经成为著作权法的常识，然而实践中不断涌现的创意纠纷案件，仍然使得公众心生疑虑：对于综艺节目模式中那些令人拍案叫绝的想法和构思，同样是创作者辛勤创造的智力成果，难道就可以让人稍加改动就据为己有吗？

"创意"是指具有创造性的想法和构思，俗称点子、主意、策划等，是创意人将构思的"胸中之竹"转化为"手中之竹"的重要过程，① 这种想法或构思一方面具有通过某种有形的载体表现出来的可能（如语言、音乐、绘画），另一方面又通常没有形成完备的表现形式（否则就构成了作品或者其他具体的智力成果），因此美国有时用"未开发的构思"来表达这一概念（undeveloped ideas）。② 在我国实践中，创意表现为各种类型的具体形式。

一、司法案例中的"创意"类型

（1）造型设计类。主要表现为对某种立体艺术的造型设计，典型案例"西湖十景"形象造型版权纠纷案和"刘某某发型设计案"。在这两起案件中，原告均利用女性头发设计立体造型，从而实现独特创意。

（2）民俗仪式类。主要表现为对历史文化仪式或者民俗文化仪式从内容到形式的设计，典型案例如"仿古迎宾入城仪式案"和"中国

---

① 刘春田. 知识财产权解析 [J]. 中国社会科学, 2003 (4).
② 王太平. 美国对创意的法律保护方法 [J]. 知识产权, 2006 (2).

开渔节"著作权案。

（3）电视综艺节目模式类。主要表现为对电视综艺节目中的节目、舞台设计、排行榜、音乐、节目嘉宾、模块穿插等各种元素的设计和编排，典型案例如"面罩综艺节目"著作权案。在这一案例中，原告推出了一个探讨"性"的节目，为了保护嘉宾隐私，原告产生了一个创意，设计了40多个漂亮的面罩供节目嘉宾佩戴，从而使节目具有了鲜明的特色。

（4）方案实施类。主要表现对某一活动、创作或计划的实施步骤和细节，典型案例如"美在花城选美方案侵权案"和"女子十二乐坊著作权侵权纠纷案"。在后一案例中，原告提出了"女子十二乐坊"乐队的实施方案，包括："女子十二乐坊"名称、图文标志、演员形象定位、具体节目宣传等。

二、"创意"著作权保护的困境

在上述创意纠纷案件的类型中，原告的主张大多没有得到法院的支持。原因在于，此类案件的原告都是从著作权受到侵害的角度诉求法律救济，但是从著作权法来寻求保护创意具有很大的障碍，具体表现为以下两个方面。

第一，如前文所述，创意是没有记录在载体上的构思、想法，有些创意无法复制而不能构成作品，有些创意没有具体表达形式同样不能构成作品。在前述的"刘某某发型设计案"中，法院认为"发型与人体本身的契合及手工劳动的特性，均使得其传播限于模仿而无法实现完全的复制；故以手工技巧之劳动对人体发型所作剪裁形成的线条与造型，本身并不属于著作权法意义上的作品"。

第二，即使创意通过某种载体得到了记载并形成了作品，但是剽窃创意的他人要么在创意作品的表现形式上进行了较大程度的变化，使得构成著作权侵权缺乏法律依据；要么并不固定具体的表达，而仅仅是对创意内容的执行和实施。众所周知，创意的价值在于其思想核心，而开发创意最困难之处也在于此，创意一旦确定就有多种表达形式可供选择，他人剽窃创意实质上就是在剽窃构思，对于表达形式只要任选一种，只要与创意的原始表达形式不同就可以凭借"思想表达二分法"的原则绕开著作权法的约束。例如，以综艺节目模式类创意纠纷案件为例，"面罩节目"的精髓之处在于对节目嘉宾隐私的保护，而具体如何设计面罩和佩戴方式又是多种多样的，通过穷尽各种表达形式来实现对该节目模式的保护显然是不现实的。从某种程度上说，电视综艺节目模式实质上是对公有领域已有元素的创新组合和编排，主要表现为一种新的类型和风格，但是正如第一个交响曲的作曲者不能垄断这种音乐形式一样，某个电视综艺节目的制作者也不能垄断这种节目模式的所有表达形式，因为著作权法不支持创造者对思想的垄断。[①] 正因为这个原因，电视综艺节目模式创意的著作权保护在世界范围内鲜有成功的案例。此外，著作权法只保护作品内容在形式上不被非法再现，但是对于作品内容被他人用行为再现（实施或执行）同样无法干涉。例如在"西湖十景"形象造型版权纠纷案中，法院也认同被告借鉴了原告的创意，但是由于被告在表现形式上与原告存在视觉上的明显区别，因而没有支持原告的诉请。显然，比起"以女子发型演绎风景"的创意，发型和服装的具体变换要容易得多。

三、"创意"可作为"商业秘密"予以保护

从上述论述可以看到，创意的构思者要想得到著作权法的支持，首先应该致力于将创意构思转化为有形的作品。获得了作品形式，就至少获得了受到著作权法保护的前提。著作权法在创意保护上存在先天不足，这促使人们将目光转向其他的维权路径，例如，商业秘密。

公开创意并不意味着披露所有细节的情形，创意人应当对创意的细节采取保密措施并与接触、实施创意的人员签订保密协议，这样就能在创意被他人侵犯时得到反不正当竞争法的有力保护。这种方法适用于那些创意内容丰富、不掌握全部细节难以模仿的情形。

[①] 罗莉. 电视节目模板的法律保护 [J]. 法律科学, 2006 (4).

【典型案例】[①]

....

原审法院审理查明：

2009年初，何某构思以女子发型来演绎"西湖十景"，绘制了人物素描，并附有策划书、对模特的形体要求、头饰选择、搭配服装等简要说明。设计图显示："断桥残雪"，发型上有桥洞和斜枝状，头上一束梅花，全部用真发打造，一身雪白触地长裙；"南屏晚钟"，发型钟状，头上的钟与身体比例合适，中国式旗袍；"双峰插云"，发型上有绿色的立体感强的双峰、插映山红，服装以彩绘蓝白相间、白云朵朵；"柳浪闻莺"，一蓬喷薄而出的柳丝，头上停着一只黄莺，服装以可爱小女孩青春装为主基调；"曲院风荷"，发型上有荷花，用有弹性的竹圈衬进裙里，长裙下摆有荷花、荷叶；"雷峰夕照"，发型上有宝塔、扇子，如能用灯光效果最好，宋代七层塔，服饰以黑为主，后景为红色水晶纸的扇子。在何某的要求和指导下，发型师、服装设计师分别在模特身上进行了发型设计制作和服装设计制作。

2009年4月22日，"西湖十景"形象造型在杭州市运河文化广场向公众亮相，《青年时报》作了报道并刊载了十个形象造型的照片。照片上模特的服装大部分为日常生活着装，部分为礼服。杭州某某文化传播有限公司曾向何某提供部分模特，并拍摄了其模特以"西湖十景"形象为造型的演出。在杭州某某文化传播有限公司网站上的一幅照片上显示有4个真人模特的形象造型，杭州某某文化传播有限公司确认其真实性，但称其为"淡妆浓抹总相宜"造型并非"西湖十景"造型。

庭审中，何某进一步明确其主张权利的是以"西湖十景"发型为主的整体造型，包括发型（含头饰）、服装、道具，意在以模特为载体，与服饰等相搭配，形成展示"西湖十景"的"流动的风景"。但根

[①] "西湖十景"发型著作权纠纷案（二审）：杭州市中级人民法院（2011）浙杭知终字第54号民事判决书（节选）。

据其提供的证据,仅在设计草图的"平湖秋月"造型中出现白兔,最终展示的形象造型中并无任何道具。何某提交的证据中有杭州某某文化传播有限公司的10位"西湖十景"造型模特的照片及两个画面,但较为模糊。何某提供的证据显示,同为"断桥残雪"发型,《青年时报》上的造型与比对材料上的造型,在桥洞、刘海、梅枝上均有不同;同为"曲院风荷"发型,《青年时报》照片上的和比对材料上的在荷花、荷叶、刘海、发髻、亭子上大为不同。另,发型师叶某某陈述其与何某合作创作了该作品,委托何某起诉杭州某某文化传播有限公司以维护权利。

原审法院认为:

本案争议焦点在于何某主张权利的"西湖十景"形象造型是否属于《著作权法》上的立体美术作品,杭州某某文化传播有限公司的造型是否剽窃、篡改、歪曲上述造型。根据《著作权法实施条例》第2条和第4条第(8)项的规定,《著作权法》所称作品,是指文学、艺术和科学领域内具有独创性并能以某种有形形式复制的智力成果;美术作品,是指绘画、书法、雕塑等以线条、色彩或者其他方式构成的有审美意义的平面或者立体的造型艺术作品。因此,何某主张权利的形象造型必须属于艺术领域的智力成果,具有独创性、可复制性,方能构成作品。

涉案形象造型系以夸张的发型搭配服饰等,目的在于以走秀形式展示"西湖十景",带有艺术表演性质,具有审美意义,其与一般实用意义上的造型不同,应当属于艺术领域。"西湖十景"形象造型已经以有形的表达方式呈现,而不再仅仅停留于创意阶段,可以通过拍照、摄录等有形形式进行复制,因此其具有可复制性。关于独创性,著作权法的保护对象是作品,独创性不是体现在思想上的独创,而是体现在具体作品的外在表达上。独创性可以分为"独立创作"和"具有创造性"两个方面。本案无证据显示何某存在抄袭他人作品的情况,符合独立创作要求。从何某提供的设计素描图和照片来看,何某根据自己对"西湖十景"如何具体化为形象造型的思考,对发型、头饰等具体的搭配、布局

等作出了个性化的选择和判断,由此形成的智力成果具有一定的独创性。因此,涉案"西湖十景"形象造型属于立体的美术作品。

关于杭州某某文化传播有限公司的造型是否剽窃、篡改、歪曲上述造型的问题,首先需要判断杭州某某文化传播有限公司的造型与上述造型是否构成相似。同样,这个相似应当是外在表达上的相似,而非创意上的相似。换言之,即便杭州某某文化传播有限公司确实使用了与何某相同的创意,以模特的形象造型来表现"西湖十景"或其他主题,但只要是以不同的风格、布局、搭配等表达自己对主题的理解,在具体的表达上不构成相似即可。

同时,在判断相似性时,要排除已进入公有领域的素材和表达,因为这些并非何某创作而来,例如普遍使用的发式、头饰等,以及表达某个主题自然要使用到的相对固定的元素。"西湖十景"的主要特征都是客观存在的,如"断桥残雪""雷峰夕照""柳浪闻莺"等能让人自然联系到桥、塔、鸟等,要体现十景的特征,让观众联想到十景,自然要用到这些元素,对这些元素的使用本身不能成为构成相似性的原因,而应当是考察这些元素具体的布局、形态等。因此,需要在考虑上述因素的基础之上,全面考察主张权利的具体形象造型和被控侵权的形象造型,既要考察整体的立体视觉效果,也要考察局部细节。

何某主张其形象造型为立体的美术作品,则何某负有举证义务。但何某仅提供了平面的设计素描图和几幅从一个角度拍摄的照片。从素描图看,只是对模特的形体要求、发型头饰、搭配服装作了简要说明,主要是表达了一种设计思路;通过发型师、服装设计师的具体操作后才形成具体的造型,且具体形成的造型与设计图并不一致。

在服装等方面,何某赖以主张权利的《青年时报》上的10幅照片上模特的服装为日常服装或礼服,并无何某设计图中的服装,也无任何道具。

在发型方面,从证人叶某某的证词、《青年时报》报道中模特的陈述等均可以看出,发型的设计和操作是发型师一边操作一边调整,包括模特也提出了设计意见,可见,由不同的发型师在不同的模特头发上每次形成的发型并不相同。何某提供的证据也显示，同为"断桥残雪"发型、"曲院风荷"发型，《青年时报》上照片所显现的和比对材料显现的差别甚大。

何某主张权利的形象造型和被控侵权的形象造型的照片都仅仅是从某一个角度拍摄，不能清晰反映立体细节、局部形态等。受何某提供的证据所限，对涉案形象造型的考察限于一个角度的平面照片而非全面的整个立体造型，何某应就此承担举证不能的不利法律后果。

更何况，即便是根据何某目前提供的比对材料来判断，杭州某某文化传播有限公司的造型与何某的也并不相似，不构成剽窃、篡改、歪曲。何某称杭州某某文化传播有限公司模仿其造型，体现在都采用红梅、荷花、太阳光芒的扇形闪烁、鸟巢、双峰、钟形发型的效果。但经比对，杭州某某文化传播有限公司的红梅、荷花等在形状、大小、颜色、布局等各方面与何某的均明显不同，而红梅、荷花等都是客观存在的物体，任何人都可以在发型上加以使用；而在服装方面更是毫无相似之处，双方造型中也无何某所称道具。对于杭州某某文化传播有限公司认为发型师叶某某也应作为原告的抗辩意见，一审法院认为不论涉案形象造型是否为何某和叶某某的合作作品，叶某某与何某已协商一致由何某来起诉，无需追加叶某某为原告。

综上，原审法院依据《中华人民共和国著作权法》第3条第（4）项，《中华人民共和国著作权法实施条例》第2条、第4条第（8）项，《中华人民共和国民事诉讼法》第64条第1款，《最高人民法院关于民事诉讼证据的若干规定》第2条之规定，于2011年5月4日作出判决：驳回何某的诉讼请求。案件受理费50元，由何某负担。

宣判后，何某不服，向本院提起上诉，称：

一、原审法院认定事实不清，证据不足。一审法院已认定：上诉人何某根据自己对"西湖十景"具体化为形象造型的思考，对发型、头饰等具体的搭配、布局等作出了个性化的选择与判断，由此形成的智力成果具有一定的独创性。因此，涉案"西湖十景"形象造型属于立体的美术作品。但对于被上诉人杭州某某文化传播有限公司未剽窃、篡改、歪曲何某作品的事实一审法院认定错误。在一审中，上诉人何某提交了大量的证据，证明杭州某某文化传播有限公司曾向何某提供模特，并拍摄了模特演出"西湖十景"形象造型的事实。杭州某某文化传播有限公司的总经理杨某某也承认她和她的创作团队是在何某作品上创作而成的新作品。因此，杭州某某文化传播有限公司的作品是在何某作品的基础上修改完成的。一审法院在脱离这个事实的基础上，认定何某的作品与杭州某某文化传播有限公司的作品不构成相似，认定错误。改编的作品是在已有作品的基础上修改完成的作品，但前提是必须取得原作者的许可。对此，一审法院认为杭州某某文化传播有限公司未侵犯何某对作品享有的修改权、改编权属于认定事实错误。

二、一审法院适用法律错误。一审法院认为"受何某提供的证据所限，本院对涉案形象造型的考察限于一个角度的平面照片而非全面的整个立体造型，何某应就此承担举证不能的不利的法律后果"。上诉人何某认为，作品的比较并不一定要平面对平面，立体对立体。平面到立体同样可以比较，从作品的线条走向、整体效果、局部形态等，并结合何某提交的其他证据，可以认定何某的作品是一个整体立体造型。

综上，一审法院认定事实不清、适用法律错误。请求二审法院：

1. 撤销（2010）杭西知初字第466号民事判决，依法支持上诉人何某在一审中提出的诉讼请求；

2. 本案上诉费用由被上诉人杭州某某文化传播有限公司承担。

…………

本院认为，上诉人何某上诉的理由、请求及本案双方争议的焦点均集中在：1. 何某主张权利的"西湖十景"形象造型是否属于著作权法上的立体美术作品；2. 杭州某某文化传播有限公司使用在模特上的"西湖十景"造型是否改编自何某的作品，是否构成侵权。

对于第一个焦点问题，本院认为，依据《著作权法实施条例》第2条的规定："《著作权法》所称作品，是指文学、艺术和科学领域内具有独创性并能以某种有形形式复制的智力成果。"

何某主张权利的"西湖十景"形象造型，主要以发型形式展示西湖十景,带有艺术表演性质,具有审美意义,属于艺术领域的智力成果;何某与叶某某在创造该造型时,以其对"西湖十景"具化为形象造型的思考,对发型、头饰等具体的搭配、布局等作出了个性化的选择和判断,由此形成的智力成果具有独创性。该造型已经以有形的表达方式呈现,而不再仅仅停留于创意阶段,可以通过拍照、摄录等有形形式进行复制,具有可复制性。因此,何某与叶某某创作的"西湖十景"形象造型,属艺术领域内的智力成果,且具有独创性、可复制性,构成《著作权法》意义上的作品。其作品类型为立体美术作品。

但是,何某借以主张权利的"西湖十景"立体美术作品,其最初的表现形式为固定在模特头上的发型及相应的服饰,后因该作品的载体较为特殊,无法长期保存于最初的载体上,因此,何某以刊登于2009年4月23日《青年时报》A8版的模特发型及相应服饰的照片作为其权利的载体,用以与被控侵权的造型进行比对。正如一审法院所作的认定,由于何某主张权利的造型为立体美术作品,但提供的证据为平面设计素描图和10幅从某一个角度拍摄的照片,并没有原始的立体美术作品;同时,这些平面素描图片和照片不能清晰地反映立体作品各个立面的具体细节、局部形态等特征,给侵权比对造成了一定的困难。因此,何某应就此承担举证不能的不利法律后果。

对于第二个焦点问题,本院认为,首先,根据现有证据,何某主张权利的作品能与被控作品一一对应的,仅为4幅,即"断桥残雪""曲院风荷""雷峰夕照""柳浪闻莺"。就该四幅进行比对可以看出,两幅"断桥残雪"相比,杭州某某文化传播有限公司的造型缺少中间的桥洞;何某用的是少量的白花、模特身穿白裙,杭州某某文化传播有限公司的模特以红梅缠身并在白裙上以国画形式描绘了"断桥残雪"这一景致。两幅"曲院风荷"相比,何某在模特头上斜插一朵深色荷花、花的大小未超出发髻;而杭州某某文化传播有限公司的模特头部正插两朵大的白色荷花,其大小远超出发型,且胸前、腰部等处均缝制有大朵的荷花。两幅"雷峰夕照"相比,何某的发型正中是雷峰塔,旁边有太阳的光芒;而杭州某某文化传播有限公司的造型仅使用了太阳的光芒。两幅"柳浪闻莺"相比，均有树枝、鸟巢和花朵，但由于何某的造型体现在照片上是右侧面，而杭州某某文化传播有限公司的造型体现在照片上是正面，两个造型具体有哪些异同无法比对。因此，比对双方的4幅照片可以看出，两者所呈现出的作品的表达形式不相同。

其次，如何看待双方的造型即作品的表达中，均具有某些特定元素的问题。对此，本院认为，"西湖十景"所对应的特定景物，古已有之。因此，以"西湖十景"为表现主体，使用发型等作为表达方式，其作品的表达，必然受到"西湖十景"所对应特定景物的限制，如："断桥残雪"，发型上必定有桥和残雪；"南屏晚钟"，发型必定呈钟状；"柳浪闻莺"，发型上也必不可少小鸟和柳枝。"西湖十景"所对应景物的特定性，限制了作品的表达，即作品在表达时呈现出局限性的表达形式。因此，不能以杭州某某文化传播有限公司的造型与何某的造型在表达形式上共有某些特定的元素即判定为侵权成立。

再次，由于"西湖十景"的公有性，这些进入公有领域的元素被利用形成作品时，判断是否构成相同或相近似，应全面考察两者的具体形象造型，考察公有领域的元素在具体布局、形态等方面运用的异同。既要考察整体的、立体的视觉效果，也要考察局部的、细微的异同点。并且，对利用公有领域的元素进行创作而获得的作品，对其著作权人的权益也不能实施过于宽泛的保护，否则，会损害他人的合法权益，也会损害社会公众的整体利益，违背《著作权法》的立法宗旨。

至于杭州某某文化传播有限公司是否借鉴了何某的创意，本院认为，现有的证据表明，杭州某某文化传播有限公司接触过何某的造型、双方一度合作密切且双方的造型均以"西湖十景"为表现主体，因此，可以认定，杭州某某文化传播有限公司的造型借鉴了何某的创意。但是，由于杭州某某文化传播有限公司的造型在表现形式上与何某作品存在诸多不同，如风格、布局、搭配等具体表达方式存在不同。因此，本院认为，杭州某某文化传播有限公司虽然在自己的造型中借鉴了何某的构思、使用了何某创意，但该种借鉴并非《著作权法》意义上的改编；同时，由于《著作权法》保护的是作品的表达形式，不保护思想和创意，因此，杭州某某文化传播有限公司的借鉴行为并不构成对何某著作权的侵犯。

综上，本院认为，原审判决认定事实清楚，适用法律正确，实体处理得当。依据《中华人民共和国民事诉讼法》第 153 条第 1 款第（1）项之规定，判决如下：

驳回上诉，维持原判。

…………

沙画画面受著作权法保护吗？

所谓"沙画"，是一种借助沙子作画的艺术，表演者利用流动的沙粒形成一幅画面的同时，又利用沙粒的流动性迅速转化为下一幅画面，周而复始，从而产生了某种类似幻灯片甚至动画的效果。近年来，沙画表演在各类综艺节目和表演活动中深受大众欢迎，逐渐开始走红。同时，由于沙画本身的表现特点，一个问题也逐渐开始浮出水面：沙画画面受《著作权法》保护吗？

一、沙画画面可以构成作品

《著作权法实施条例》第2条规定，著作权法所称的作品，是指文学、艺术和科学领域内具有独创性并能以某种有形形式复制的智力成果。一般认为，作品的构成包括以下要件：

第一，作品是人类在相关领域内的智力成果。例如，西方经常出现的麦田怪圈，图案复杂，但因为没有加入人类的创造而不能被归类为作品。而大部分的沙画，都系艺人的匠心独运，毫无疑问，属于人类在相关领域内完成的智力成果。

第二，作品能够以有形形式复制。作品创作完成后，就成为人类的精神财富。为使作品能够广泛传播，作品往往需要被复制。世界知识产权组织认为，作品的可复制性是指能够以一定的物质形式表现或固定下来，供他人利用，载体包括纸、录音、录像、翻录、翻拍等。根据《著作权法》第10条的规定，复制是指用印刷、复印、临摹、拓印、录音、录像、翻录、翻拍等方式将作品制成一份或多份的行为。因而，作品的"可复制性"强调的是作品具有的物质形态可以供他人利用。而对沙画而言，其画面无论是动态的还是静态的，都可以进行各种形式的复制，例如，同样的沙画造型可以由其他的沙画艺术家完全再现，或者通过摄录设备再现。

第三，作品是一种具有独创性的表达。其中的"表达"，是指人们对于某种思想观念、客观事实、操作方法的表达，具体来说，对于某种特定的思想观念，可以使用文字、数字、音符、色彩、线条、造型、动作等方式表达，因此也就产生了文字作品、舞蹈作品、电影作品等。而沙画通过个性化的静态或者连续的造型画面，实际上传递出各种主题或者思想，因而同样符合此项要求。

二、沙画画面构成作品不受时间、载体限制

对于沙画画面构成作品，存在两种反对观点，一是认为沙画画面转瞬即逝，时间太短；二是认为沙画画面缺乏作品载体，因为一旦沙画表演结束，在表演过程中形成的画面也会随之消失。事实上，这两种观点都不成立。首先，就存在时间而言，尽管沙画在作品构成上具有"转瞬即逝"的特征，但著作权法对作品的存在时间并无限制，即使5分钟后会融化的冰雕也可以构成作品；其次，就作品载体而言，著作权法对一般作品同样并无限制，只有电影作品（必须记录在"感光材料或者其他介质上"）和计算机软件（必须"已固定在某种有形物体上"）才有法定的载体要求，因此缺乏载体未必不构成作品，更何况，沙画是有载体的，其载体就是不断变幻运动的沙粒。

三、沙画画面可能构成的作品类型

对于沙画画面可能构成的作品类型，要依据不同性质分别讨论。

首先，对于单独的、静态的沙画画面，在满足独创性的前提下，可以构成美术作品。所谓"美术作品"，就是指以线条、色彩或者其他方式构成的有审美意义的平面或者立体的造型艺术作品。

其次，对于动态的、连续的沙画画面，则相对较为复杂。在本质上，这种动态的沙画画面事实上是由一幅幅单独的、静态的沙画画面通过变化、过渡或者连续而产生的，但在作品类型上又具有自己的特点。

从作品类型来看，动态连续的沙画画面类似于电脑游戏画面，可以被归纳为以类似摄制电影的方法创作的作品。《著作权法实施条例》将电影作品和以类似摄制电影的方法创作的作品定义为"摄制在一定介质上，由一系列有伴音或者无伴音的画面组成，并且借助适当装置放映或者以其他方式传播的作品"。因此，有一种代表性的观点认为，没有"摄制"行为的创作，不能视为以类似摄制电影的方法创作的作品。但随着实践的发展，这种认识上的束缚逐渐被消解。事实上，越来越多的科幻电影或者动画电影，都是依靠计算机进行绘制、编辑，并不涉及摄像机的拍摄。从世界很多国家的法律实践来看，"连续动态的图像"才是电影作品或者类似电影摄制的方法创作作品的最本质的特征。因此，从这一意义来说，相对于舞蹈作品（重点在于身体和腿部动作）、杂技作品（重点在于技巧而非画面造型）而言，笔者认为，将动态连续的沙画画面归类为类似摄制电影的方法创作的作品，更为恰当。

美甲图案构成作品吗？

随着美甲文化的流行，女孩子都喜欢找美甲店对自己的指甲进行各种美妆。那么，这些美甲图案，有可能构成作品吗？

笔者认为，对于多数的美甲图案而言，难以认可其具有较高的独创性，因为其"创作空间"相对有限。首先，女性的指甲盖面积非常狭窄，在载体尺寸上限制了作者的创作发挥；其次，尽管美甲者理论上也可以采取"微绘画"技术将某幅作品绘制到一个指甲盖上（例如"武松打虎"），但是，美甲的功能决定了很少会有人用放大镜欣赏指甲上的美术细节，所以这实际上只是一种浪漫的假设；最后，常见的美甲图案的内容大多由公有领域的素材构成，而作品载体的限制也使得对这些素材的汇编、组合难以显示出足够的个性化。

必须注意的是，"创作空间"有限并不等同于"唯一性表达"。所谓"唯一性表达"是指对于某种思想只有几种有限的表达方式。例如，对于热力学第一定律进行简单描述形式有限并且趋于相同。所谓"唯一性表达规则"是指如果一个智力创造的成果在表达形式上是唯一或有限的，那么无论它是否具有独创性都将被排除在著作权法的保护范围之外。换言之，这种条件下的智力成果是否构成作品无需判断其创造性。原因在于，在唯一性表达的前提下，他人如果要表达同样的思想也只能采取与第一个作者雷同的形式，在这种情况下，思想与表达混同，如果将这种唯一表达以权利的形式赋予少数作者所有，不但违反了著作权法不保护思想的基本原则，而且会造成显失公平的独占。

与之相对，"创作空间"有限是指表达的方式并非唯一或者有限几种，尽管创作空间狭窄，不同智力成果的表达仍有差异，但是这种差异不足以达到较高的独创高度。例如，虽然手指盖面积小，但是仍然可以

设计出各种不同的图案，由于创作载体的面积有限和美甲功能的实际需要，这些图案不大可能在细节上表现出较高程度的精细化和独创性。

再如，地图也是一类创作空间较为狭窄的智力成果。由于地图一般用来描述客观存在的事实（交通线路、山川河流），这使得同一主题的地图很难在相互间产生个性化差异，而客观事实本身是不受著作权法保护的。换言之，由于遵守客观事实导致绘制地图的方式变得相对有限，例如，铁路、河流的走向，著名景点的客观位置等，这些基础性的地理信息是没有任何创作空间的，不可能因为人为的个性化创作就可以改变铁路、河流的走向，或者将处在郊区的景点标示到市中心。

但是，创作空间狭窄的智力成果并非绝对不可以构成作品。就美甲而言，如果绘图者自行设计了图案，或者对一些公有领域的元素进行了精细化和复杂程度较高的安排，则可能构成美术作品。就地图而言，尽管其主体部分属于客观事实，不受著作权法保护，但是在表达的细节元素上仍然可以有不同设计，如果表现出较高的独创性或者个性化的安排、选择，则可能构成作品。例如，在绘制地图时，如果绘图者能够兼顾客观性和美观性，精心设计地图不同区域的色彩，并同其选择的特定的比例尺、经纬网的形状组合在一起，形成一个具有审美意义的整体，则有可能受到著作权法的保护。再如，地图可以采取个性化图例（例如，用动物代表动物园，用图书代表图书馆等）、标记和编排方式，对于地图的整体和每个具体图例代表的地理信息，进行不同形式的标记，则有可能构成作品。

影子有版权吗？

埃菲尔铁塔是法国著名的地标性建筑物，吸引了无数旅游爱好者前往观光。一到晚上，埃菲尔铁塔就被五颜六色的灯光点缀，每到整点，灯光还会不断闪烁变化，显得非常炫目。然而，如果此时游客想拍下夜景并分享到网络，却可能面临法国法律的制裁。这是因为构成这个美丽夜景的一部分灯光设计，在法国受到版权保护，而权利人则是一个灯光设计公司。看到这个报道，很多人会感到惊讶：什么，灯光也会受版权保护？那么，如果在我国，光影会受到版权保护吗？

比如，一位艺术家，突发奇想，利用光学原理在一个平板上钻出了很多小孔，当阳光透射这个平板后，会在地上形成特定的老虎造型的影子，栩栩如生，而且，随着阳光的偏移，这个影子会发生变形，宛如老虎在缓缓跑动。那么，这位艺术家可以对这个制造出来的形象独特的影子主张版权吗？对于这个例子，人们不假思索地就会给出否定的回答，原因是：影子是阳光形成的，不是艺术家创作出来的；一旦太阳落下，影子的表达就会消失；影子没有载体，且不可复制。然而笔者认为，如果对照这些反对的理由条分缕析，却可以获得相反的结论。

第一，影子虽然是利用阳光形成的，但反映了作者的创作意图。在判断作品的标准中，有一项重要内容就是作品的独创性必须反映出作者的创作意图和个人印记，如果创作意图缺失或不足，即使客观上完成了某种艺术成果，也不能认为构成了作品。例如，某人在绘画比赛现场正在喝果汁，突然剧烈咳嗽而将红色的果汁喷在面前的白纸上，结果形成了万朵梅花状的图画，这种图画即使获得了专业人士的高度评价也不能获得版权法的保护，因为该图画的形成没有体现出人类的创造活动。又如，在"晏某诉永城市文物旅游管理局等著作权案"中，原告父亲晏某某采用人工打锻、磨面的方法重刻了"汉高断蛇之处"石碑。由于该碑立在十字路口，1984年间，经过往车辆灯光照射，在石碑上发现人像显影，人像似拔剑斩蛇，形象生动。1992年，当地有关管理部门将"汉高断蛇之处"碑及亭子围起卖票收费。原告认为该碑出现人像系晏某某采用人工锻刻、打磨所致，故相应著作权应由晏某某享有，在其去世后应由其子（即原告晏某）继承。法院经审理后认为，从原告提供的证据不能看出"汉高断蛇之处"碑出现的人物轮廓就是晏某某事先的构思创作，也没有证据证明重刻石碑完成后，晏某某以一定方式表现上述现象与其有意识的创作有关，因此不能认为系晏某某创作的作品。然而，在创作老虎影子的例子中，情形恰好相反，艺术家的创作是有实现的构思创作，并且对平板的打孔设计也是结合了光学原理和特定的造型设计才能实现对老虎影子栩栩如生的表达效果，反映了艺术家主观上的创作意图，在主观要件上并无障碍。

第二，虽然影子容易消失，但不妨碍其构成作品。在著作权法中，作品的存在与否取决于是否具有独创性，而与作品存在多久无关。例如，对于构成作品的冰雕而言，即使在作品创作完毕后半小时冰雕融化，也不妨碍这个作品曾经的存在。甚至，即使作品存在只是转瞬即逝，也不妨碍作品的构成。例如，在沙画艺术中，沙画表演人常常绘制出一副沙画图形后又迅速抹改成另一幅沙画图形。然而，对于这一幅幅转瞬即逝的沙画造型，只要构成了具有独创性的审美意义上的构图造型，就可以构成著作权法上的作品，他人不得擅自复制和传播。

第三，虽然影子没有固定的载体，但是可以复制。在我国著作权法中，构成作品的要件之一是"能以某种有形形式复制"，即要求作品处于可复制或可固定的状态，但不要求作品实际上已经被固定。例如，教授在某个内部论坛的即兴发言如果没有被录音，事实上就转瞬即逝，但这不妨碍其构成口述作品（如果某个听众将其发言原封不动地在另一个商业讲座上复述仍然可能构成侵权）。在我国，只有一些特殊的作品形式，才有"已经固定"的要求，例如电影作品（必须"摄制在一定介质上"）和计算机软件（必须"已固定在某种有形物体上"）。影子造型属于平面造型，分类上属于"美术作品"，而著作权法对美术作品并没有要求固定载体的要求。那么，影子造型可以被复制吗？答案是肯定的。必需注意的是，著作权法意义上的复制并非指原封不动的复制，换言之，不是指"原封不动"地复制出另外一个影子来，而是表现出与影子相同的美术造型即可。在著作权法中，通过印制、绘画、摄影、录制、表演、放映等多种形式，都可以实现对某一作品的复制和再现，对影子的复制同样不存在任何技术障碍（例如，通过摄影）。

综上可知，对于他人具有主观创作意图，并结合自然原理和自身创作而形成的具有独创性美感表达的光影，可以主张著作权。

【典型案例】[①]

....

晏某向原审法院诉称：父亲晏某某生前是一名技术精湛的石雕匠，一生所作石雕众多。1982年春，时任芒山公社党委书记闫某某和雨亭村党支部书记屈某某委托其重刻"汉高断蛇之处"碑。随后，晏某某采用人工打锻、磨面的方法重刻了该碑。由于该碑立在十字路口，1984年间，经过往车辆灯光照射，在石碑上发现人像显影，人像似拔剑斩蛇，形象生动。1992年，当时县文化局见有利可图，将"汉高断蛇之处"碑及亭子围起卖票收费，后该碑由芒砀山旅游公司经营管理。该碑出现人像系晏某某精湛的石雕技术，采用人工锻刻、打磨所致，故该石碑著作权应由晏某某享有。晏某某去世后，应由晏某继承。文物管理局、芒砀山旅游公司私自砌墙收费，严重侵犯了晏某的合法权益。请求人民法院依法确认晏某某享有"汉高断蛇之处"碑的著作权，晏某享有继承权；判令文物管理局、芒砀山旅游公司停止侵权、未经许可不得展览收费，并消除影响、赔礼道歉。

....

[①] 晏某与永城市文物旅游管理局等著作权侵权纠纷案（二审）：河南省高级人民法院（2006）豫法民三终字第7号民事判决书（节选）。

原审法院认为：《中华人民共和国著作权法实施条例》第2条规定：我国著作权法所称的作品是指文学、艺术和科学领域内具有独创性并能以某种有形形式复制的智力成果。受著作权法保护的作品必须具备独创性和可复制性。独创性也称原创性或初创性，是指一部作品是经作者独立创作产生的，是作者独立构思的产物，而不是对已有作品的抄袭。判断作品是否有独创性，应看作者是否付出了创造性的劳动，作品的独创性是法律保护作品表达方式的客观依据。本案中，晏某某重刻"汉高断蛇之处"碑不具有独创性。一是从"汉高断蛇之处"碑的整体外形和结构分析，根据芒砀山旅游公司提交的新旧"汉高断蛇之处"碑的照片可以看出，两块石碑的外形和结构基本一致，均是龟形基座，上立一椭圆形石碑。证明晏某某是按照有关部门的要求，比照原碑重刻。二是从石碑上记载的内容分析，石碑正面记载的内容是据当地教师闫某某之回忆补正的原"汉高断蛇之处"碑正文记载汉高祖刘邦芒砀山斩蛇起义的事略，石碑背面则是重刻"汉高断蛇之处"碑过程的叙文，碑文内容非晏某某撰写且石碑背面明确写明碑文系郑效治书丹，晏某某根据郑所书雕刻。三是从石碑的雕刻技法分析，晏某某雕刻石碑采取的是人工打锻和磨面的方法，该方法为当地石匠刻制石碑所通用，雕刻技法不具有独创性。四是从石碑发现人像轮廓分析，晏某某重刻的石碑上，夜间经灯光照射虽然呈现人像轮廓，但此现象的出现显然不是晏某某本人有意识之行为，不是其独立构思、独立创作的产物，是偶然发现的自然现象。五是晏某某具有精湛的石刻技艺，雕刻了逼真的龟座，石碑正文两侧的雕花装饰，不可否认"汉高断蛇之处"碑凝聚了晏某某的智力劳动，但综合分析，晏某某按照有关部门的要求，比照原石碑重新刻制了"汉高断蛇之处"碑，石碑的整体外形、结构、碑文内容等信息在晏某某雕刻前已经存在，无需任何想象的延伸，石碑因不能体现作品的独创性，而不属《中华人民共和国著作权法》所保护的作品，故晏某某不享有"汉高断蛇之处"碑的著作权。

············

本院认为：晏某提供的证据不能证明"汉高断蛇之处"碑出现的

人像轮廓就是晏某某事先构思创作，并通过人工打锻、磨面的技法而形成或表现出来的，不具有独创性的特点；也无证据证明该石碑完成后，晏某某以一定方式表示上述现象与其有意识的创作有关；且该石碑显像的人像轮廓不具有以某种有形形式复制的特点。故晏某以其人像轮廓作为晏某某创作作品的理由亦不能成立。

…………

书法作品如何保护？

2018年初，因为茅盾手稿拍卖而引发的著作权侵权案二审审结。茅盾先生是中国现代著名作家，而且擅长书法。在他逝世后，他用毛笔书写的近万字手稿亮相南京一家拍卖公司的拍卖会，最终拍出了1050万元的价格，虽然拍卖最终未能成交，但引起了茅盾后人的高度关注，并向法院提起诉讼，要求法院判令拍卖公司、手稿持有人停止侵害涉案手稿作为美术作品的展览权、发表权、复制权、发行权、信息网络传播权，以及作为文字作品的复制权、发行权、信息网络传播权的行为，并要求两被告在媒体上公开道歉、赔偿损失。

2018年1月，法院作出二审终审判决，维持了一审对手稿系美术作品的性质认定和一审中判决拍卖公司赔偿的决定。在该案中，争议焦点之一就是茅盾手稿是否构成著作权法意义上的"书法作品"。那么，什么是"书法作品"呢？

一、"书法作品"的定义和保护规则

所谓"书法作品"，是指以毛笔或者其他工具或者方式书写或者展现的具有书法特征的汉字所形成具有独创性的作品。根据《著作权法实施条例》的规定，在作品类型上，书法作品归属于"美术作品"，即"以线条、色彩或者其他方式构成的具有审美意义的平面或者立体的造型艺术作品"。

值得注意的是，书法作品保护的内容需要排除汉字本身的字体结构和笔画顺序关系，因为这属于公有领域的内容，任何人不得独占。书法作品的保护，必须是在排除了汉字原有造型后在笔画粗细、运笔走向、布局结构、手法特征等方面的独立创作的个性化内容，例如，对于具体

某个汉字的笔法、结构和墨法的具体表现以及结合。对字体的技巧或者方法而言，属于一种创意或者思想，并不是著作权法保护的内容。例如，某书法家的书法作品《知足常乐》《吉祥如意》《宾至如归》和《一生平安之福》四个合体字，经福建省版权局受理登记获版权保护。笔者认为，对于这四幅作品而言，受到保护的内容仅限于画面表达而并不应包含"合体字"这种书写技法本身，因为类似技法早已存在，在我国民间常将一些带有吉祥含义的短语合写为一个字，以祈求幸福，常见的合体字如"招财进宝""双喜"等，其最大特点在于共同部首可以巧妙共享。

二、"茅盾手稿案"中的相关问题

该案中，被告主张涉案手稿并不构成著作权法上的美术作品（书法作品）。原因包括两个方面：第一，涉案手稿系投稿所作，并不具有书法创作的主观意图；第二，涉案手稿上有多处修改的痕迹，又不具备题跋、印章、纸张等书法作品的形式特征，因而不属于著作权法所保护的美术作品。笔者认为，上述两个理由都是站不住脚的，以下逐一分析。

第一，创作作品宏观上的确需要创作意图，但不要求具体的创作目的。所谓"创作意图"，是指作品的独创性必须有作者的宏观意图和个人印记，如果创作意图缺失或不足，即使客观上完成了某种艺术成果，也不能认为构成了作品。例如，某人在绘画比赛现场正在喝果汁，突然剧烈咳嗽而将红色的果汁喷在面前的白纸上，结果形成了万朵梅花状的图画，这种图画即使获得了专业人士的高度评价也不能获得版权法的保护，因为该图画的形成完全没有体现出人类的任何主观性的创造活动。但是，需要创作意图并不等于苛求具体的创作目的。例如，某个男士看到一名美女后一见倾心并用毛笔为其写了一首情诗，但随后在交付情诗时被拒绝，该男士心灰意冷就将情诗投给了书法大赛，没想到中了头奖。可以看出，该男士写情诗的直接目的是示爱而非为了参加比赛，但这不影响其客观上构成书法作品，因为其主观上的确具有创作的意图（尽管目的是示爱），因此不能否定其构成作品。换言之，著作权法并

不要求智力成果的表现形式与最终用途一致。

第二，著作权法上的书法作品并没有题跋、印章、纸张等形式上的要求。传统意义上的书法是我国一种以文房四宝为工具抒发情感的艺术。工具的特殊性是书法艺术的一个重要方面。借助文房四宝为工具，充分体现工具的性能，是书法的重要组成部分，因此，传统意义上的书法作品，包括题跋、印章、纸张等形式要求。但是，值得注意的是，著作权法意义上的"书法作品"，和传统概念的重大区别之一，就是并不苛求这些形式。换言之，即使是一个幼童所书写的毛笔字，不论美丑，只要满足最基本的个性化要求，也可以构成著作权法意义上的"美术作品"。

正如法院在判决中所指出的那样，涉案手稿用毛笔体现了汉字书写艺术的精妙，能够给人以审美的享受，符合著作权法对于美术作品的相关规定，应当受到保护。对于题跋、印章缺少的问题，法院认为，著作权法并不要求美术作品具有这些形式特征。正如王羲之的《兰亭集序》以及颜真卿的《祭侄文》，两者均属于文稿，都有多处涂改，且缺少署名、落款、印章，但这些都不影响其获得"天下第一行书""天下第二行书"的美誉。书法作品保护的是通过执笔、运笔、点画、结构、布局等技法表现出来的汉字书写艺术，而不是前述的那些形式特征。

"猫咪音乐"是音乐作品吗？

据报道，近年来，各类动物中心和动物园越来越多地为动物们播放音乐，但音乐对动物们究竟有没有效果？美国威斯康星大学的一项研究发现，猫咪一方面无视人类音乐，另一方面则积极响应专为它们谱写的音乐。研究人员给 47 只猫播放的音乐样本中，一半属于经典古典音乐，另一半则是马里兰大学作曲家 David Teie 创造的猫音乐。结果显示，猫咪最积极响应的是猫音乐。

看到这则新闻，笔者在大笑之余，不由想到了一个问题：这种猫咪音乐是否可以构成作品呢？

关于作品，《著作权法实施条例》作了这样的定义，即"文学、艺术和科学领域内具有独创性并能以某种有形形式复制的智力成果"。对作品的这一定义，要从三个方面理解：第一，作品必须是人类的智力成果，这就把很多动物的作品排除在作品范畴之外（例如马戏团大象画的画，猴子抢过摄影师的相机拍的照片等）；第二，作品具有"独创性"，这就将日常生活中大量的人类普通智力成果排除在作品范畴之外；第三，作品必须是能够被他人客观感知的外在表达。值得注意的是，第三个方面强调的是被"他人"客观感知，换言之，作品面向的对象如同作者一样，也必须是人类。这是因为，作品本质上承载的是人类的思想、情感、精神和人格等要素，带有作品某种精神或者人格印记，传递的也是人类群体能够共同理解的符号体系和语言。另外，作品是著作权法律关系中权利人的权利和义务人的义务共同指向的对象。因此，猫咪无法成为作品法律关系中的义务人，而猫咪之外的人类也无法理解特别订制的猫咪音乐（更谈不上理解其中只有猫才能理解的思想情感），因此，猫咪音乐不构成作品。

那么，像猫咪音乐这样的智力成果，如何保护呢？有报道提到，猫咪音乐已被相关权利人申请了专利，事实上，保护不同的权利客体正是版权（作品）和专利权（工业品或技术）的重要区别。

著作权法的基本理念是"保护思想的独创性表达但不保护思想"，而工业品也是人类为了满足生活、生产需要而设计出来的客观实体，其造型功能也同样反映了人们的思想，例如，发动机反映了人类制造内燃动力的思想，猫咪音乐反映了人类向猫咪定向传递音符的思想，但是人们在生活中并不把这些物品当作品加以欣赏，这是因为，工业品主要是为了满足人们的物质生活需要，而作品主要是为了满足人们的精神审美需要。由此可见，能够体现思想的表达未必都能构成作品，还要区分这种思想究竟是美学的思想还是实用的思想。正是为了区分这种差异，在"思想表达二分法"原则之外，有人在著作权理论体系中引入了第二个"二分法"原则，即"实用非实用二分法"原则，这一原则确定了这样一个标准：具有功能性、实用性的表达应纳入专利法保护，而不具有功能性和实用性的表达才能有条件地被纳入著作权法保护。这一标准不但与人们对作品的日常认识一致，而且成为世界通行的理念——大多数国家的著作权法和《伯尔尼公约》《世界版权公约》都把作品限定在文学、艺术和科学领域内，立法根据正是基于该"二分法"原则。

同样，正是因为这一原则，很多难以区分的人类智力产品可以得到有效归类。例如，在"歼十飞机"著作权纠纷案中，涉及"歼十飞机"的造型是否能构成美术作品的问题。笔者认为，"歼十飞机"造型不能构成美术作品。根据前述的"实用非实用二分法"原则，"歼十飞机"飞机应当纳入工业品，因为它的外形设计反映的不是美学思想，而是实用目的。

从外形上看，"歼十飞机"并没有像 UFO 那样明显脱离人们头脑中一般军用飞机的形象。当然，与一般的军用飞机相比，"歼十飞机"线条流畅、造型紧凑、外形独特，但是，这种线条和外形的差异，是美感的表达，还是技术的必需呢？我们知道，"歼十飞机"是我国生产的一种先进的空军武器，而军用飞机设计是面向实战的，其考虑的基本方面包括机动速度、火力强度、人员防护、续航能力等。飞机的设计，包括外观造型、部件设计、材料选取，全部要围绕上述理念，从而使飞机在战场上的生存能力达到最大。在这种设计理念的指导下，艺术美感并不是飞机设计需要考虑的必要方面，换言之，如果有两种方案，一种使飞机更加丑陋，但是战场生存能力更强，另一种使飞机更为美观，但是降低了其机动能力，作为军用飞机的设计者显然会选择第一种。更何况，受到技术、原理的限制，飞机的艺术设计空间非常狭窄。例如，机体的流线造型是基于空气动力学原理和飞机本身的机动性能所决定的最佳造型，是最大程度追求技术参数的结果，在这一前提下，无论该轮廓曲线多么令人赏心悦目、具有审美价值，也不能受到著作权法保护，因为在这种情况下，设计所带来的艺术美感和其具有的实用功能无法分离，一旦不采用这种设计，飞机具有的减少阻力、提高机动性能的实用效能也随之消失；再比如，飞机的引擎口设计事实上有多种选择，例如正方形、长方形、圆形、八边形或者其他更为美观的造型，但是，真正能够使得飞机动力系统达到最优的引擎口设计并不能像艺术创作那样随心所欲。在功能本位主义的设计理念下，实现某种最佳技术效果的造型往往只有一种或者少数几种，基于著作权法"唯一性表达"的理念，这种设计即使独特，也是构建在特定功能上的独特，并不能成为构成作品的理由。行文至此，可以得出结论："歼十飞机"的线条和色彩的造型即使独特，也不是为了满足审美，而是军事实用使然，因此不构成作品。

【典型案例】[①]

....

中航智成公司一审诉称：成都飞机设计研究所（简称"成飞所"）为"歼十飞机（单座）"的设计、研发单位，该飞机的实际制造者为成都飞机工业（集团）有限责任公司（简称"成飞公司"）。中航智成公

[①] 北京中航智成科技有限公司与深圳市飞鹏达精品制造有限公司著作权权属、侵权纠纷案（二审）：北京市高级人民法院（2014）高民（知）终字第3451号民事判决书（节选）。

司取得上述两单位的许可，为该飞机模型的唯一生产商及供应商，并能够以自己的名义主张"歼十飞机（单座）"所涉及的知识产权。在获得许可后，中航智成公司根据成飞所"歼十飞机（单座）"原始设计图纸及"歼十飞机（单座）"设计了相应的等比例模型。2011年9月，中航智成公司经过公证购买得到了飞鹏达公司生产、销售的"45cm 小歼10"飞机模型（简称"被控侵权产品"），飞鹏达公司的上述行为侵犯了中航智成公司对"歼十飞机（单座）"的设计图纸、模型及飞机本身分别享有图形作品、美术作品或模型作品的复制权及发行权。据此，中航智成公司请求法院判令：1. 飞鹏达公司立即停止生产、销售被控侵权产品并销毁生产被控侵权产品的全部模具、设备和库存的侵权产品及半成品；2. 飞鹏达公司在《中国航空报》上公开道歉、消除影响；3. 飞鹏达公司赔偿中航智成公司经济损失500万元；4. 飞鹏达公司赔偿中航智成公司为本案所支出的合理开支36 690元。

....

北京市第一中级人民法院认为：

一、关于中航智成公司主张的"歼十飞机（单座）"是否构成受著作权法保护的美术作品、飞鹏达公司的被控行为是否侵害了中航智成公司对该作品享有的复制权及发行权，以及是否应当承担相应侵权责任的问题

根据《中华人民共和国著作权法实施条例》（简称《著作权法实施条例》）第2条的规定，著作权法所称作品，是指文学、艺术和科学领域内具有独创性并能以某种有形形式复制的智力成果。即构成著作权法意义上的作品，其必须同时满足下列条件：第一，属于文学、艺术和科学领域内的智力创作；第二，具有独创性；第三，能够以某种有形形式复制。由于只有"外在表达"方能客观上实现"有形形式的复制"，因此，所谓"能够以某种有形形式复制"实质上是要求作品有能够为他人所客观感知的"外在表达"。基于"能够以某种有形形式复制"要件的要求，人民法院在确定作品的保护范围时，通常会遵循"思想表达二分法"的基本规则，即著作权法仅对思想的表达予以保护，而不保护作

品所反映的思想。

《著作权法实施条例》第4条第（8）项规定，美术作品，是指绘画、书法、雕塑等以线条、色彩或者其他方式构成的有审美意义的平面或者立体的造型艺术作品。实用艺术品其本身既具有实用性，又具有艺术性，即其由"实用"方面与"艺术"方面共同组成。然而，"实用"方面隐含体现了技术方案、实用功能等思想范畴，如上述所，其不属于著作权法保护的范畴。因此，实用艺术品作为美术作品获得著作权的保护时，人民法院应当排除其"实用"方面，而只针对其中的"艺术"方面提供著作权的保护。在此基础上，实用艺术品作为美术作品获得著作权的保护，除符合上述关于美术作品的条件外，至少还应满足该实用艺术品中的"实用"方面与"艺术"方面可以相互独立，原因在于若二者不能相互独立，对"艺术"方面提供著作权的保护实质上同时亦对其中的"实用"方面进行了著作权的保护，而与上述著作权法基本规则不符。二者的相互独立，包括二者物理上可以相互分离，即具备实用功能的"实用"方面与体现艺术美感的"艺术"方面可以物理上相拆分后而单独存在；以及二者观念上可以相互分离，即改动实用艺术品中的"艺术"方面，不会导致该实用功能的实质丧失。若改动实用艺术品中的"艺术"方面会使与其对应的实用功能丧失，则人民法院应认定该实用艺术品的"实用"方面与"艺术"方面不能分离，而不能给予其著作权的保护。

本案中，中航智成公司主张的"歼十飞机（单座）"客观上体现了动感、和谐等美感，属于其中的"艺术"方面。但在飞机，尤其是战斗机的研发、制造过程中，性能参数的更优为设计者或制造者所主要追求的目标。在设计、研发过程中，科研人员需要进行风洞试验等不同的科学测试并根据测试结果不断地做出相应的实质性改进，以实现飞机性能的最优。飞机设计完成后所产生的"艺术"方面仅为其设计过程中的附带产物，且其必然体现了相应的实用功能，而该"艺术"方面的改变亦必然影响相应实用功能的实现，即在"歼十飞机（单座）"中，其"艺术"方面与"实用"方面并非相互独立。综上，"歼十飞机（单座)"尚不满足实用艺术品作为美术作品获得著作权保护的条件,故,中航智成公司主张飞鹏达公司实施被控侵权行为侵犯其对于"歼十飞机(单座)"所享有的著作权而应当承担相应责任的主张,缺乏事实及法律依据,不予支持。

二、关于中航智成公司主张的"歼十飞机(单座)"模型是否构成受著作权法保护的模型作品,飞鹏达公司的被控行为是否侵害了中航智成公司对该作品享有的复制权及发行权,以及是否应当承当相应侵权责任的问题

《著作权法实施条例》第4条第(13)项规定,模型作品,是指为展示、试验或者观测等用途,根据物体的形状和结构,按照一定比例制成的立体作品。根据该项规定的字面含义理解,模型作品属于对现有的"物体的形状和结构",按照一定的比例制成的立体作品,且其目的在于展示、试验或者观测等。但是,根据《著作权法实施条例》第2条规定的著作权法意义上的作品,必须具备独创性,即满足"独立完成"和"创作性"两个方面的要求。所谓"独立完成",即要求作品应源于作者,其是由作者通过独立的构思而创作产生,而不是模仿或抄袭他人的作品。

首先,中航智成公司提交的飞机模型及图纸原稿均由其自行制作而成,且均未显示完成时间、完成人等因素,其真实性难以确认;其次,即便该飞机模型及图纸原稿的真实性可以确认,根据查明的事实,中航智成公司所主张的"歼十飞机(单座)"模型是由中航智成公司根据"歼十飞机(单座)"等比例缩小制作而成,可见其所主张的飞机模型属于对"歼十飞机(单座)"的精确复制,并非由中航智成公司所独立创作而成,不符合著作权法关于作品之"独创性"的要求,故其不属于著作权法意义上的作品。再次,需要说明的是,即便中航智成公司所主张的飞机模型早于"歼十飞机(单座)"产生,其亦无法获得著作权的保护,原因在于,由于"歼十飞机(单座)"本身艺术性与实用性无法分离而难以获得著作权的保护,而对于等比例制作而成的"歼十飞机(单座)"飞机模型,无论其产生早于"歼十飞机(单座)"或晚于

"歼十飞机（单座）"，二者均属于同一表达的不同表达方式，若对飞机模型提供著作权的保护，实质上亦等同于对"歼十飞机（单座）"予以了著作权的保护，故基于与"歼十飞机（单座）"不能获得著作权保护之相同的理由，"歼十飞机（单座）"模型均不能获得著作权的保护。在此基础上，中航智成公司主张飞鹏达公司实施被控侵权行为侵犯其对于"歼十飞机（单座）"模型所享有的著作权而应当承担相应责任的主张，缺乏事实及法律依据，不予支持。

三、关于中航智成公司主张的由成飞所设计的"歼十飞机（单座）"设计图纸是否构成受著作权法保护的图形作品及美术作品、飞鹏达公司的行为是否侵犯了中航智成公司享有的著作权以及是否应当承当相应侵权责任的问题

《著作权法实施条例》第4条第（12）项规定，图形作品，是指为施工、生产绘制的工程设计图、产品设计图，以及反映地理现象、说明事物原理或者结构的地图、示意图等作品。工程设计图、产品设计图为施工、生产所绘制，其必然具备一定的实用功能，且其必然蕴含着相应的技术方案，但实用功能、技术方案等均属于"思想"的范畴，如上所述，"思想"不属于著作权所保护的对象，因此，在排除"思想"范畴因素的基础上，图形作品之所以受到著作权的保护，其原因在于图形作品所展示的其由点、线、面等因素组合而成后产生的科学之美。而《著作权法实施条例》第4条第（8）项规定的美术作品，是指绘画、书法、雕塑等以线条、色彩或者其他方式构成的有审美意义的平面或者立体的造型艺术作品，其获得著作权保护的原因在于该作品所具有的"审美意义"的艺术性。据此，图形作品与美术作品的区分主要在于图形作品的表达对象一般属于科学领域，而美术作品的表达对象一般属于艺术领域。因此在判断某一作品属于图形作品或美术作品时，亦应以该表达之表征对象所属的领域为基本的判断标准。采用上述判断标准，一方面避免了采用单纯的"目的论"标准（即依据作者创作作品的主观目的判断某一作品的属性）所导致的将作品属性这一法律判断问题实质上变成事实判断问题，即由各方当事人举证证明涉案作品的创作目的；

另一方面，科学领域与艺术领域客观上可能存在一定的交叉，因此某一特定作品可能既属于美术作品又属于图形作品。而依照"目的论"将会导致严格地将图形作品与美术作品区分开来，产生非此即彼的与上述客观实际不符的结果。

至于如何区分科学领域与艺术领域，人民法院应当以该作品是否具备"审美意义"的艺术性为基本原则。但是，考虑到美感属于一种主观判断，其本身是属于"小众"的，某一对象是否具备"艺术性"美感通常会受到判断主体之个体知识和文化水平、艺术鉴赏能力、历史环境等诸多因素的限制，实践中某一对象是否具备"艺术性"美感很难形成客观标准予以区分。但是，司法实践中，对于某一作品属于科学领域或艺术领域并非毫无考量因素可循。人民法院可以在上述基本原则的基础上结合该作品所具备的功能、创作作品的主观目的、是否能够依据该作品制作工业产品、根据该作品制作而成的工业产品是否仍属于美术作品等案件的具体情况予以综合的判断。

本案中，中航智成公司主张的设计图纸由特定的线、面等要素组成，体现了一定的科学之美。但是，首先，该设计图纸为按照特定的制图规范绘制的"歼十飞机（单座）"的侧视图、后视图及俯视图，且图纸右下角标有相应的比例尺、绘制人、审核人等，属于为制造"歼十飞机（单座）"而绘制的产品设计图，其次，"歼十飞机（单座）"并非美术作品，即根据该设计图纸制作而成的"歼十飞机（单座）"亦不属于美术作品，可见，该设计图纸表达的对象显属科学领域而非艺术领域，因此，该设计图纸仅能构成著作权法意义上的图形作品，而不满足构成美术作品的要件。在此基础上，由于图形作品之所以获得保护的原因在于上述科学之美，而不包含其体现的技术方案等"思想"范畴的因素，因此，图形作品之复制权的权利范围仅限于"平面到平面"的复制。本案中，飞鹏达公司的被控侵权行为为制作相应的飞机模型，其属于"平面到立体"的复制，实质上利用的是该图纸所蕴含的技术方案，故该行为并未侵犯中航智成公司针对该图纸所享有的复制权。而侵犯发行权的基础必然要求复制行为的在先存在，但基于上述理由，飞鹏达公司并未实施相应的复制行为，故飞鹏达公司实施的被控侵权行为亦未侵犯中航智成公司针对该图纸所享有的发行权。因此，中航智成公司主张飞鹏达公司实施被控侵权行为侵犯其对于设计图纸所享有的著作权而应当承担相应责任的主张，缺乏事实及法律依据，不予支持。

同时，需要指出的是，"歼十飞机（单座）"、等比例制作而成的"歼十飞机（单座）"模型、"歼十飞机（单座）"之设计图纸等均属于同一表达的不同表达方式。对其中特定表达方式提供著作权的保护实质上是对该具体表达方式所体现的表达提供了著作权的保护。由于"歼十飞机（单座）"的外形本身所体现的美感既包含"艺术"方面，又包含"实用"方面，且二者不能相互独立，其本身不属于著作权所保护的对象，既该不同表达方式所体现的表达不属于著作权法所保护的对象，故中航智成公司的上述主张亦不能成立。

另外，人民法院认定侵犯著作权行为成立，至少需要满足被控侵权人具备接触中航智成公司作品的可能性以及被控侵权行为与中航智成公司作品构成实质性近似两个条件。本案中，即便认定中航智成公司主张的设计图纸构成美术作品，但是在"歼十飞机（单座）"不构成作品的前提下，设计图纸与"歼十飞机（单座）"飞机模型应认定为针对"歼十飞机（单座）"而形成的两种不同表达。在此基础上，由于设计图纸属于涉密文件，在解密之前，飞鹏达公司并无接触上述设计图纸的可能，且中航智成公司亦未提交飞鹏达公司可能接触该图纸的其他证据，因此，基于该理由，中航智成公司的上述主张亦不能成立。

综上，中航智成公司指控飞鹏达公司侵犯其主张的相关作品的著作权的理由均不能成立。中航智成公司的诉讼请求缺乏事实或法律依据，不予支持。

本院认为：

一、关于"歼十飞机（单座）"造型是否构成美术作品以及飞鹏达公司制造、销售被控侵权产品的行为是否侵害了中航智成公司对该作品享有的复制权及发行权

本案中，中航智成公司主张"歼十飞机（单座）"造型构成美术作

品，飞鹏达公司制造、销售被控侵权产品的行为侵害了其对该作品享有的复制权及发行权。

《著作权法实施条例》第2条规定，著作权法所称作品，是指文学、艺术和科学领域内具有独创性并能以某种有形形式复制的智力成果。《著作权法实施条例》第4条第（8）项规定，美术作品是指绘画、书法、雕塑等以线条、色彩或者其他方式构成的有审美意义的平面或者立体的造型艺术作品。由于《著作权法》仅保护思想的独创性表达，而不保护思想、实用功能等要素，因此，在判断某一立体造型是否构成美术作品时，应当区分实用功能决定的造型成分和纯粹的艺术表达成分，即在剔除实用功能决定而无法分离的造型成分之后，再判断其中独立的艺术表达是否具有独创性，从而构成美术作品。如果不做这样的区分，则势必导致著作权的保护延及实用功能，违背著作权法的基本原理。

"歼十飞机（单座）"既是作战武器，同时，对一般社会公众而言，其造型也确实具有美感。从著作权法的角度，如果排除实用功能决定的造型成分之外，"歼十飞机（单座）"的造型确属具有独创性的艺术表达，可以作为美术作品受到著作权法的保护。但是，对于飞机尤其是战斗机的研发，性能参数的优化是设计者追求的主要目标。在研发设计过程中，科研人员需要进行风洞试验等不同的科学测试，并根据测试结果不断改进飞机造型，以最大限度地优化飞机性能。因此，一般而言，飞机研发设计所产生的特殊飞机造型，主要是由飞机的性能，即实用功能决定的，该造型成分与飞机的功能融为一体，物理上、观念上均无法分离。本案中，中航智成公司主张"歼十飞机（单座）"造型为美术作品，对此其负有证明责任，应当举证证明或者合理说明"歼十飞机（单座）"造型中除飞机性能决定的造型成分之外，还有哪些造型成分属于可独立于飞机性能的纯粹艺术表达。但是，中航智成公司并没有尽到举证证明或合理说明的义务，本院无法认定"歼十飞机（单座）"造型中哪些成分是可独立于飞机性能的纯粹艺术表达，进而无法认定"歼十飞机（单座）"造型构成美术作品。中航智成公司虽提出了事实主张，但没有尽到证明责任，应当承担不利的法律后果。

综上，中航智成公司主张"歼十飞机（单座）"构成美术作品以及飞鹏达公司制造、销售被控侵权产品的行为侵害了其对该作品享有的复制权及发行权，缺乏事实依据，本院不予支持。

二、关于"歼十飞机（单座）"模型是否构成模型作品以及飞鹏达公司制造、销售被控侵权产品的行为是否侵害了中航智成公司对该作品享有的复制权及发行权

本案中，中航智成公司一审诉讼时主张其制造的"歼十飞机（单座）"模型构成模型作品，飞鹏达公司制造、销售被控侵权产品的行为侵害了其对该作品享有的复制权及发行权。在二审诉讼中，中航智成公司进一步主张，其据以主张权利的"歼十飞机（单座）"模型作品的完成时间早于"歼十飞机（单座）"的生产时间。

根据《著作权法实施条例》第4条第（13）项的规定，模型作品，是指为展示、试验或者观测等用途，根据物体的形状和结构，按照一定比例制成的立体作品。据此，模型作品是根据物体的一定比例放大或缩小而成。为了实现展示、试验或者观测等目的，模型与原物的近似程度越高或者越满足实际需要，其独创性越高。对模型作品的界定，应当从《著作权法实施条例》的相关规定及其目的出发，依法作出合理的解释，不能脱离现有法律规定。本案中，根据央视国际的报道，成飞所完成的"歼十飞机（单座）"模型于2007年1月5日已公开发布。虽然该模型是"歼十飞机（单座）"造型的等比例缩小，但如上所述，根据《著作权法实施条例》的相关规定，该模型的独创性恰恰体现于此，其已构成模型作品，应当受到著作权法的保护。因此，一审法院关于"歼十飞机（单座）"模型系对"歼十飞机（单座）"的等比例缩小和精确复制因而无论模型产生时间早晚其均不具有独创性的认定有误，本院予以纠正。

中航智成公司制造、销售"歼十飞机（单座）"的模型是"歼十飞机（单座）"的等比例缩小，实际上是对成飞所完成的"歼十飞机（单座）"模型的复制。虽然中航智成公司一审时主张其制造、销售的"歼

十飞机（单座）"模型构成模型作品，但实际上其据以主张权利的基础应当是成飞所完成的"歼十飞机（单座）"模型作品。对此，中航智成公司在二审诉讼中也进一步予以了明确。

根据央视国际的报道，成飞所完成"歼十飞机（单座）"模型的时间最迟不晚于 2007 年 1 月 5 日。案外人鄢兆飞申请"飞机模型（歼10）"系列外观设计专利权的最早时间为 2007 年 8 月 27 日。飞鹏达公司在一审庭审中自认其生产"歼十飞机（单座）"模型始于 2011 年 6 月。成飞所公开发表"歼十飞机（单座）"模型作品的时间早于鄢兆飞申请"飞机模型（歼10）"外观设计专利权和飞鹏达公司制造、销售"歼十飞机（单座）"模型。

由于成飞所完成的"歼十飞机（单座）"模型是"歼十飞机（单座）"的等比例缩小，而中航智成公司制造、销售的"歼十飞机（单座）"模型亦为"歼十飞机（单座）"的等比例缩小，故在进行侵权比对时，即确定被控侵权产品与成飞所设计的"歼十飞机（单座）"模型是否实质性近似时，可以直接就被控侵权产品与中航智成公司制造、销售的"歼十飞机（单座）"模型进行比对。经观察对比，二者的区别是细微的，属于高度近似的模型。

"歼十飞机（单座）"模型作品在先公开发表，飞鹏达公司具有接触该作品的高度可能性，被控侵权产品与"歼十飞机（单座）"模型作品又高度近似，在飞鹏达公司没有提交足够的证据证明其系独立创作完成"歼十飞机（单座）"模型的情况下，应当认定飞鹏达公司制造、销售"歼十飞机（单座）"模型的行为侵害了成飞所对"歼十飞机（单座）"模型作品享有的复制权及发行权。根据有关授权协议，中航智成公司是"歼十飞机（单座）"模型的唯一授权制造商、销售商，可以向飞鹏达公司主张成飞所对"歼十飞机（单座）"模型作品享有的著作权。

飞鹏达公司抗辩称，其制造、销售"歼十飞机（单座）"模型是基于鄢兆飞享有"飞机模型（歼10）"外观设计专利权且其获得了鄢兆飞的授权，并提交了相应的外观设计专利权证书和授权协议。但是，由于成飞所在先公开发表了"歼十飞机（单座）"模型作品，鄢兆飞和飞鹏达公司均具有接触该作品的高度可能性，前述证据不足以证明飞鹏达公司系独立创作完成"歼十飞机（单座）"模型，故其前述抗辩主张不能成立，本院不予支持。

综上，成飞所设计完成的"歼十飞机（单座）"模型构成模型作品，飞鹏达公司未经许可制造、销售被控侵权产品的行为侵害了成飞所对该作品享有的复制权及发行权，中航智成公司作为该作品著作权的唯一被许可人，可以要求飞鹏达公司承担相应的侵权责任。

……………

全息影像技术中的著作权问题

所谓"全息技术",是指通过光线的反射和衍射原理记录并再现真实三维图像的技术,不仅可以产生立体"幻象",还可以使"幻象"与观看者互动。

一、全息技术的实践运用

2015年,央视春晚舞台上,李宇春上演"分身术",4个"李宇春"同台演唱,效果震撼。主持人透露,这是采用了全息投影技术。无独有偶,2015年5月,在台北举行的"邓丽君20周年虚拟人纪念演唱会",主办方将邓丽君"复活",令现场7000多名观众无不感慨数码科技的魅力。目前,因为全息技术而引发的法律纠纷已经浮出水面。以著作权纠纷为例,可以分为两类:一类是"从实到虚",即将他人的形象通过全息技术再现而引发的纠纷;另一类是"从虚到虚",即将他人的虚拟数字形象通过全息技术再现。

二、全息影像的作品性质和类型

全息技术本质上在于对光线的现场控制,因此在作品构成上具有类似"沙画表演"的某些特征,即作品的产生和消失都是"转瞬即逝",作品的画面只存在于特定时间,而载体则通常是折射或者衍射装置所投射的空气层。著作权法上的作品对存在时间并无限制,因此,只要全息技术所表现出来的画面符合作品独创性的要求,则当然可以构成作品。在作品类型上,全息影像类似于电脑游戏画面,可以被归纳为以类似摄制电影的方法创作的作品。

三、全息影像技术应用中的著作权、肖像权和不正当竞争问题

在一般情形中，全息影像一般表现为制作某个明星形象，并且再现明星表演某个作品的场面（例如唱歌、跳舞或者表演小品、戏剧、电影等），因此，一般需要取得所涉及的作品使用的许可权。

但是，实践中还会出现这种情形：即全息影响技术所制作的影像虽然是某个明星，但是所表演的作品却既非该明星实际表演过或享有著作权的作品而是影像制作者自己创作的作品，那么此时是否还涉及需要得到该明星"表演权"或者"表演者权"的授予呢？答案是否定的。这是因为，对于"表演权"，产生于作者本身创作的作品，因而享有的表演或者许可他人表演的权利；对于"表演者权"，产生于表演者实际表演过的作品的邻接权利。因此，对于并非该明星实际表演过或享有著作权的作品，就不需要向该明星取得"表演权"或者"表演者权"的许可。

但是，这并不意味着可以任意使用该明星的形象。因为，如果未经许可，仍然会涉嫌侵犯该明星的肖像权或者构成不正当竞争。

例如，未经周杰伦许可，利用其肖像制作全息歌舞影像，并用于商业活动牟利，则周杰伦可以从肖像权和反不正当竞争角度提起诉讼维护自己的合法权益。

但是，对于已经去世的明星，在维权上会存在一定的困难。例如，如果有人未经邓丽君后人许可，利用邓丽君肖像制作全息歌舞影像，并用于商业活动牟利，则邓丽君的后人在维权上会陷入困境，因为根据民法理论，邓丽君的肖像权是无法由后人继承的，而邓丽君的名誉权虽然可以延伸到死后，但是就再现其表演影像而言，一般情况下却难以被证明名誉被贬损。通过不正当竞争，也会在竞争关系的认定上存在一定的困难。这是因为邓丽君已经去世多年，一般观众看到邓丽君的全息影像后不会产生混淆，误以为是真实的邓丽君又"复活"出演。因此，对于此类名人的全息影像所涉及的法律问题如何解决，仍然需要寻找新的路径。

第五章

流行文学中的著作权问题

"同人创作"涉嫌著作权侵权吗？

2016年，武侠小说泰斗金庸状告网络知名作家江南案引发了大众持续的关注。除了事涉两位名人，该案还是我国较为罕见的关于同人创作著作权纠纷的案件。以下仅就同人创作的一般版权问题略作讨论。

首先让我们来看看什么是"同人作品"。一种常见的看法认为，该词源自日本，意为借用知名作品（小说、漫画、游戏、影视剧等）中的人物形象、姓名、性格设定等元素而重新创作的作品。从定义上看，同人作品实为基于他人知名作品部分元素的"二次创作"或者商业利用。例如，很多游戏开发商，喜欢搭乘知名武侠作品的知名度，使用小说中人物的姓名、性格和人物关系。

由于同人作品涉及对他人作品元素的利用和改编，很可能涉及侵权。但是在得出最终结论之前，首先需要遵照著作权法上的"思想表达二分法原则"来判断这些元素到底是属于不受著作权法保护的"思想"，还是受到著作权法保护的"表达"。

一、同人作品仅使用了原著人物姓名

作品中人物姓名一般来说并不构成作品，原因在于：第一，人物姓名是一类特殊的文字表达，一般字数很少，尽管不乏特色并能暗示人物性格，但是无法受到版权法保护。正如北京知识产权法院在"我叫MT"案中所指出的那样，对于"未表达较为完整的思想，未实现文字作品的基本功能"的人物名称，难以构成作品。尽管如此，如果同人创作者为了使得自己的产品获得较大的市场知名度而搭乘原著的影响力，可能构成不正当竞争。例如，仅仅利用古龙作品人物作为网络游戏角色的名称，原则上并无问题。但是，如果游戏研发公司未经许可在对外营

销时大力宣传"古龙作品授权改编""与古龙后人合作开发"等，却可能涉嫌构成不正当竞争。

二、同人作品仅使用了原著人物姓名和性格

此类同人创作，仅仅使用了原著中的人物姓名、人物性格等静态元素，但在关系发展、情节互动等动态元素方面进行了焕然一新的重新创作。由于人物姓名如前文所述一般不受著作权法保护，而人物性格一般认为仍属于"思想"范畴，因此，同样难以单独受到著作权法保护。例如，《林海雪原》中的土匪头子"座山雕"，其突出性格是"阴险狡诈"，小说通过很多情节和细节予以展示。如果同人作品仅仅使用了"座山雕"这个名字和阴险狡诈的性格，但是自行设计了完全不同的故事情节（例如"金蝉脱壳""暗度陈仓""李代桃僵"），就难以仅凭人物姓名和性格的相似来确定侵权事实的成立。

三、同人作品不但使用了原著人物姓名和性格，还使用了主要人物间的关系

此种情形恰恰是对"思想表达二分法原则"运用的最大考验，是否侵权取决于具体的案件事实。但是，判断标准仍然是存在的。在著名的"琼瑶诉于正案"中，法院有一段非常经典的表述，即文学作品中的人物设置及人物关系，如果仅仅是"父子关系""兄弟关系""情侣关系"等，属于思想范畴；如果就上述人物关系加以具体化："父亲是王爷而儿子是贝勒但两人并非真父子"，"哥哥是偷换来的贝勒而弟弟是侧福晋的儿子"，"情侣双方是因偷换孩子导致身份颠倒的两个特定人物"等，则相对于前述人物关系而言，这样的具体设置则更倾向于表达。

四、同人作品不但使用了原著人物姓名、性格和人物关系，还使用了原著的独创性情节

对于此类同人创作，在著作权侵权的论证上没有太大学理上的障碍，从性质上看，主要构成对原著作者3项著作权利的侵犯，即修改

权、保护作品完整权和改编权。所谓"修改权",是指作者自己修改或者授权他人修改作品的权利;所谓"保护作品完整权",是指作者保护作品不受他人歪曲、篡改的权利;所谓"改编权",是指改变作品,创作出具有独创性的新作品的权利。由此可见,在没有得到作者授权的前提下,对原著的改动就会侵犯作者著作人格权中的修改权;如果修改过多导致颠覆了原作的作品主题或歪曲了部分人物性格(例如将侠义人物写成阴险小人),又会侵犯作者的保护作品完整权;擅自利用原著独创性内容进行演绎,在著作财产权方面则会侵犯作者的改编权。

对于此种情形,当面临原著作者的指控时,同人作者惯用的抗辩理由是著作权法"合理使用"制度中的"适当引用"条款,即"为介绍、评论某一作品或者说明某一问题,在作品中适当引用他人已经发表的作品",可以不经著作权人许可,不向其支付报酬。然而,对于大量沿用原著情节的同人作品来说,这种抗辩是难以成立的。因为"适当引用"最基本的要件之一,就是被引部分不能构成引用人作品的主要部分或者实质部分。因此,大量使用原著情节的同人创作,实为对他人作品的改编或演绎。

除了"适当引用"之外,受国外著作权法理论的影响,经常有人提出将"滑稽模仿"作为抗辩理由。所谓"滑稽模仿",实为对他人作品的恶搞改编,是一种始自古希腊时代的古老文学和艺术形式,以知名作品、驰名商标、公众人物等为模仿对象,模仿者借助各种文学或艺术的表现形式,对模仿对象进行讽刺、嘲弄、讥笑,以达到其对模仿对象所表现出的可笑之处的批判和评论,在国外的著作权法、商标法等诸多领域中,"滑稽模仿"被作为一种应对侵权指控的抗辩理由被普遍接受。但这种抗辩理由在我国著作权法框架内并不恰当。

由于我国现行著作权法对"合理使用"采取有限列举的形式,即仅仅列举了12种具体情形,没有一般性的判定原则,也没有兜底条款,这使得很多国际通行的诸如"滑稽模仿"的"合理使用"方式不在其中。换言之,从严格意义上来说,这种使用他人作品的方式在目前仍然存在被判定为侵权的风险。

谈谈"洗稿"那些事儿

近年来,随着不断曝出的网红知名文章疑似抄袭的事件,一个词开始在网络流行,那就是"洗稿"。与耳熟能详的"抄袭"概念不同,这种"洗稿"行为非常有"技术含量"。

一、"洗稿"和"抄袭"有什么不同

简单来说,一篇文章,分为四个层次:一是文章的主体思想;二是文章内容的框架布局;三是每个段落的基本要点;四是每个段落的具体句词表达。抄袭就是不但抄主体思想、框架布局、段落要点,而且把复制行为贯彻到了每句话和每个词上(或者是大部分)。因此,抄袭与否,把两篇文章放到一起,结论立见。而洗稿的不同则体现在忠诚再现文章的主体思想、框架布局、段落要点,但在具体的句词表达上则进行灵活的变换(修改措辞),有时甚至在段落布局上也进行简单的位置变换(改变句序),这导致原著作者往往对"洗稿"有某种似曾相识之感却无法像"抄袭"一样,能令人信服地口诛笔伐。抄袭他人作品不但有悖道德而且涉嫌版权违法,与之相对,将他人文章进行"洗稿"不但具有一定的隐秘性而且根据"思想表达二分法"原则,原著作者也很难维权,这使得被"洗稿"的作者对洗稿者的谴责有时还会招来对方理直气壮的反驳,在权益的维护上更是充满了某种无力感。所谓"思想表达二分法"原则,是指法律只保护作品的表达,而不保护表达所体现的思想,这一原则的本意是为了保护人们基于同一观点可以进行自由表达,防止思想观点被少数人垄断。例如,《基督山伯爵》创作了主人公蒙冤入狱,后来设法越狱并报仇雪恨的情节。显然,根据"主人公蒙冤入狱,后来设法越狱并报仇雪恨"这一情节,人们会联想到很多文学作品或影视作品均有类似的情节，例如风行一时的美剧《越狱》以及经典电影《肖申克的救赎》等，这些思想都不属于法律保护的范围。

二、"洗稿"为什么会产生？

首先，从经济成本层面来说，很多媒体平台对于他人原创的质量较高的文章，很想转载，但是按照法律规定，这不但需要注明文章来源和作者署名，而且需要原作者同意并支付报酬，显然都与一些媒体的预期背道而驰：媒体转载文章的目的是宣传本平台，而注明来源的要求无异于宣传自己的竞争者（原文刊载的媒体平台）；征得原作者同意需要时间成本；支付报酬需要经济成本。显然，转载并不符合预期。其次，从法律层面来说，直接抄袭可以大大降低各种运营成本，非常"理想"，但是这是严重违反著作权法的行为，需要承担很大的法律风险，而改头换面的"洗稿"如果处理手段高明，则可以让原创作者无处喊冤，因为著作权法"只保护表达，不保护思想"。最后，从技术层面来说，随着查重技术的进步，赤裸裸的抄袭已经寸步难行，以微信为例，自从推出原创发布制度后，明显的抄袭再发布行为已经寸步难行，根据《2015微信知识产权保护白皮书》的信息，"2015年，微信共处理涉知识产权案件1.3万件，其中，原创声明功能保护了515万次原创申请，微信维权中心平均每天要处理35.6件涉及知识产权案件，原创声明功能平均每天保护1.41万次原创申请"。显然，在此背景下，传统的抄袭已经"过时"，而既能逃避法律处罚，又能规避技术查重的"洗稿"，就有了存在和发展的空间。

三、"洗稿"的法律责任

很多网友认为，"洗稿可耻"，因为尽管"洗稿"通过改头换面逃避了法律关于具体文字抄袭的比对和查明规则，但是其抄袭原创作者创意的意图是不证自明的。但是，令人遗憾的是，对于"创意"，法律无法保护。创意是指具有创造性的想法和构思，俗称点子、主意、策划等，是创意人将构思的"胸中之竹"转化为"手中之竹"的重要过程。

在各种文化信息爆炸的今天，我们不缺各种职业写手，但缺具有天才创意的原创者，而"洗稿"者瞄准的，则恰恰是各种"创意"（构思、观点、布局谋篇）。如前文所言，著作权法的保护以"思想表达二分法"为原则，对于不涉及具体文字抄袭的"观点模仿"，世界上主要国家的著作权法都无能为力。

但是，上述结论不是绝对的。在某些情况下，即使对文字"洗白"，仍然可能触犯著作权法。这是因为，"思想表达二分法"中的"思想"和"表达"并非总是一成不变。部分"思想"在某种情况下也可能转化为"表达"。以一部小说为例，将其中的一句话"太阳缓缓升上湖面"改成"阳光慢慢铺满水面"，不属于抄袭而属于"洗稿"，但是，如果对小说的所有或者大部分具体表达都进行这种聪明和忠实的"置换"，就必然导致具体情节和人物关系的安排趋于一致，而某些情节和人物关系，在满足独创性的前提下是可能受到著作权法保护的。前文提到，在著名的"琼瑶诉于正案"中，法院有一段非常经典的表述，即文学作品中的人物设置及人物关系，如果仅仅是"父子关系""兄弟关系""情侣关系"等，一般属于不受著作权法保护的思想范畴；如果就上述人物关系加以具体化："父亲是王爷而儿子是贝勒但两人并非真父子"，"哥哥是偷换来的贝勒而弟弟是侧福晋的儿子"，"情侣双方是因偷换孩子导致身份颠倒的两个特定人物"等，则相对于前述人物关系而言，这样的具体设置则更倾向于受到法律保护的。由此可见，"洗稿"虽然手段"高明"，然而如果"一意孤行"，就很可能涉嫌违法。

【典型案例】[①]

…………

陈喆向北京市第三中级人民法院起诉称：陈喆（笔名：琼瑶）于1992年至1993年间创作完成了电视剧剧本及同名小说《梅花烙》（统

---

① 琼瑶诉于正著作权纠纷案（二审）：北京市高级人民法院（2015）高民（知）终字第1039号民事判决书（节选）。

称"涉案作品"），并自始完整、独立享有涉案作品著作权（包括但不限于改编权、摄制权等）。涉案作品在中国大陆地区多次出版、发行，拥有广泛的读者群与社会认知度、影响力。2012年至2013年间，余征未经陈喆许可，擅自采用涉案作品核心独创情节进行改编，创作电视剧剧本《宫锁连城》，湖南经视公司、东阳欢娱公司、万达公司、东阳星瑞公司共同摄制了电视剧《宫锁连城》（又名《凤还巢之连城》），涉案作品全部核心人物关系与故事情节几乎被完整套用于该剧，严重侵害了陈喆依法享有的著作权。在发现侵权之前，陈喆正在根据其作品《梅花烙》潜心改编新的电视剧本《梅花烙传奇》，余征、湖南经视公司、东阳欢娱公司、万达公司、东阳星瑞公司的侵权行为给陈喆的剧本创作与后续的电视剧摄制造成了实质性妨碍，让陈喆的创作心血毁于一旦，给陈喆造成了极大的精神伤害。而余征、湖南经视公司、东阳欢娱公司、万达公司、东阳星瑞公司却从其侵害著作权行为中获得巨大收益，从该剧现有的电视频道及网络播出情况初步判断，该剧已获取了巨大的商业利益。陈喆通过网络公开发函谴责余征的侵权行为后，余征不但不思悔改，竟然妄称"只是巧合和误伤"，无视陈喆的版权权益。因此，陈喆提起诉讼，请求法院判令：1. 认定余征、湖南经视公司、东阳欢娱公司、万达公司、东阳星瑞公司侵害了涉案作品的改编权、摄制权；2. 余征、湖南经视公司、东阳欢娱公司、万达公司、东阳星瑞公司停止电视剧《宫锁连城》的一切电视播映、信息网络传播、音像制售活动；3. 余征在新浪网、搜狐网、乐视网、凤凰网显著位置发表经陈喆书面认可的公开道歉声明；4. 余征、湖南经视公司、东阳欢娱公司、万达公司、东阳星瑞公司连带赔偿陈喆人民币2000万元；5. 余征、湖南经视公司、东阳欢娱公司、万达公司、东阳星瑞公司承担陈喆为本案支出的合理费用共计人民币31.3万元。

…………

二审法院认为，原审法院针对陈喆主张的剧本21个情节（小说主张17个情节），认定其中3个情节属于公知素材，即3个情节不构成著作权法保护的表达，而是属于公知素材被过滤；9个情节不构成实质性

相似,即9个情节属于著作权法保护的表达,但是剧本《宫锁连城》的表达与其不构成实质性相似;9个情节构成实质性相似。由于余征、湖南经视公司、东阳欢娱公司、万达公司、东阳星瑞公司仅对认定为实质性相似的9个情节有异议,本院仅对该9个情节进行分析,具体包括情节1"偷龙转凤",情节5"次子告状、亲信遭殃",情节7"恶霸强抢、养亲身亡",情节8"少年相助、代女葬亲、弃女小院容身",情节9"钟情馈赠、私定终身、初见印痕",情节10"福晋小院会弃女,发觉弃女像福晋",情节18"道士做法捉妖",情节19"公主求和遭误解",情节21"告密"。余征、湖南经视公司、东阳欢娱公司、万达公司、东阳星瑞公司对上述9个情节的意见基本相同,本院以情节1"偷龙转凤"为例,进行分析。

情节1:偷龙转凤。原审法院认定该部分在剧本《梅花烙》中的情节安排为:清朝乾隆年间,硕亲王府福晋倩柔已为王爷生下三个女儿,王爷没有子嗣,恰逢王爷寿辰,回疆舞女翩翩被作为寿礼献予王爷。倩柔在府中地位遭受威胁,此胎如再生女孩,则可能地位不保。姐姐婉柔便出主意,如果再生女孩,则不惜偷龙转凤换成男孩。生产当夜,倩柔生下女婴,婉柔将换出的女婴遗弃溪边。遗弃女婴前,倩柔在女婴肩头烙下梅花烙,作为日后相认的证据。

原审法院认定剧本《宫锁连城》就该部分的情节安排为:清朝乾隆年间,富察将军府,福晋映月连生三女,将军膝下无子,并宠幸侍女如眉以致如眉怀孕,映月府中地位受威胁,生男生女将可能直接关系到映月的命运;于是映月与郭嬷嬷谋划,如再生女儿则不惜偷龙转凤换成男孩。生产当日,映月生下女婴,郭嬷嬷趁乱调包,将女婴遗弃溪边。女孩送走前,映月发现女婴肩头部位有一片朱砂记。

余征在本院诉讼中将情节1抽象为5个层级,并认为两者的相似度仅在第2个层级上,而第2个层级的内容属于公知素材和通用场景(具体图示见本判决附表)。

对某一情节,进行不断的抽象概括寻找思想和表达的分界线的方法无疑是正确的,如果该情节概括了"偷龙转凤"这一标题时,显然已经属于思想；如果该情节概括到了"福晋无子，侧房施压，为保住地位偷龙转凤"，这仍然是文学作品中属于思想的部分；但对于原审判决所认定的包含时间、地点、人物、事件起因、经过、结果等细节的情节，则可以成为著作权法保护的表达，且不属于唯一或有限表达以及公知领域的素材。虽然与余征抽象概括的第4、第5层级相比，原审判决中对于情节的认定未概括某些细节，如如眉挑衅映月、将军亲临佛堂施压等，但并未影响该情节属于表达的判断。

陈喆对于情节1中的设计足够具体，可以认定为著作权法保护的表达，具体是福晋连生三女无子，王爷纳侧福晋地位受到威胁后，计划偷龙转凤，生产当日又产一女，计划实施，弃女肩头带有印记，成为日后相认的凭据，该情节设计实现了男女主人公身份的调换，为男女主人公长大后的相识进行了铺垫，同时该情节也是整个故事情节发展脉络的起因，上述细节的设计已经体现了独创性的选择、安排。虽然与余征抽象概括的第4、第5层级相比，原审判决中对于情节的认定未概括某些细节，如如眉挑衅映月、将军亲临佛堂施压等，但并未影响该情节属于表达的判断。剧本《宫锁连城》的相应情节与其构成实质性相似。

除情节1之外，其余8个情节也与情节1的情况相似，均构成具有独创性的具体的情节，属于著作权法保护的表达，剧本《宫锁连城》相应情节与其构成实质性相似。

对于人物关系和人物设置，应对人物与情节的相互结合互动形成的表达进行比对。如果事件次序和人物互动均来源于在先权利作品，则构成实质性相似。以两部作品中的男女主人公为例，下列要素在两部作品中均存在：（1）吟霜（连城）和皓祯（恒泰）身份调换；（2）吟霜（连城）和皓祯（恒泰）在王府外的市井相遇；（3）吟霜（连城）受到欺负后丧父（丧母）；（4）皓祯（恒泰）施救吟霜（连城）并安排至王府外的小院；（5）吟霜（连城）和皓祯（恒泰）陷入爱河、私定终身；（6）皓祯（恒泰）被皇帝指婚，与公主结婚；（7）吟霜（连城）后进入王府，遭到公主的欺负；（8）福晋无意中发现吟霜（连城）的真实身份；（9）偷龙转凤之秘密被揭开，龙凤知悉彼此真实身份。

经比对，剧本《宫锁连城》中对于男女主人公的角色设置与情节互动、情节推进，包含了剧本《梅花烙》的上述要素，故二者构成实质性相似。

原审法院对于人物设置和人物关系的相关认定，均系结合人物与情节的互动及情节的推进来进行比对的，并进而在构成表达的层面对两部作品进行比对。虽然不可否认，剧本《宫锁连城》中的人物设置更为丰富，故事线索更为复杂，但由于其包含了剧本《梅花烙》的主要人物设置和人物关系，故原审法院认定剧本《宫锁连城》的人物设置和人物关系是在涉案作品的基础上进行改编及再创作，并无不当。

文学作品中，情节的前后衔接、逻辑顺序将全部情节紧密贯穿为完整的个性化表达，这种足够具体的人物设置、情节结构、内在逻辑关系的有机结合体可以成为著作权法保护的表达。如果被诉侵权作品中包含足够具体的表达，且这种紧密贯穿的情节设置在被诉侵权作品中达到一定数量、比例，可以认定为构成实质性相似；或者被诉侵权作品中包含的紧密贯穿的情节设置已经占到了权利作品足够的比例，即使其在被诉侵权作品中所占比例不大，也足以使受众感知到来源于特定作品时，可以认定为构成实质性相似。

此外，需要明确的是，即使作品中的部分具体情节属于公共领域或者有限、唯一的表达，但是并不代表上述具体情节与其他情节的有机联合整体不具有独创性，不构成著作权法保护的表达。部分情节不构成实质性相似，并不代表整体不构成实质性相似。

陈喆主张的剧本《梅花烙》的21个情节（小说《梅花烙》的17个情节），前后串联构建起整个故事的情节推演，虽然小说和剧本在部分情节上有细微差别，但是并不影响剧本和小说两部作品在整体内容上的一致性，陈喆主张的上述情节在前后衔接、逻辑顺序上已经紧密贯穿为完整的个性化表达。剧本《宫锁连城》虽然在故事线索上更为复杂，但是陈喆主张的上述情节的前后衔接、逻辑顺序均可映射在剧本《宫锁连城》的情节推演中，即使存在部分情节的细微差别，但是不影响剧本《宫锁连城》与涉案作品在情节内在逻辑推演上的一致性。陈喆主张的上述情节，如果以剧本《宫锁连城》中的所有情节来计算，所占比例不高，但是由于其基本包含了涉案作品故事内容架构，也就是说其包含的情节设置已经占到了涉案作品的足够充分的比例，以致受众足以感知到来源于涉案作品，且上述情节是《梅花烙》的绝大部分内容。因此，剧本《宫锁连城》与涉案作品在整体上仍然构成实质性相似。

当然，诚如原审判决认为，作品中出现的不寻常的细节设计同一性也应纳入作品相似性比对的考量。如：双方作品均提及福晋此前连生三女，但后续并未对该三女的命运做出后续安排和交代。原审法院的观点并无不当，但是其举例略有不当，剧本《梅花烙》中对于福晋所生的三个女儿，虽然未交代其命运发展，但是在后续中情节场景中仍有出现。

原审判决另认为，受众对于前后两作品之间的相似性感知及欣赏体验也是侵权认定的重要考量因素，并且结合陈喆提供的相应网络调查结果，推定受众在观赏感受上已经产生了较高的具有相对共识的相似体验。原审法院将受众的感知和体验作为考量因素的观点并无不当，但是由于在事实查明部分并未对陈喆提供的关于网络调查的相关证据所证明的事实予以认证，而直接在本院认为部分予以分析采纳，确系不当。本院补充查明的该部分事实，对于判定剧本《宫锁连城》与涉案作品是否整体上构成实质性相似，仅仅是一个参考因素，由于上述调查结果系部分网站对网络用户进行的简单调查，且大多数网络用户是对电视剧《梅花烙》和电视剧《宫锁连城》对比后的感知判断，与本案中主张的文字作品的改编并不完全相同，因此，本院仍然是将剧本、小说和剧本之间进行比对后得出最后的结论。

综上所述，剧本《宫锁连城》侵犯了陈喆对涉案作品享有的改编权。

　　…………

趣谈《红楼梦》中的食谱与知识产权

《红楼梦》第四十一回说到,刘姥姥与贾母众人一起吃饭,贾母让王熙凤给刘姥姥尝了一种贾府特制的"茄鲞",让刘姥姥大开眼界,这种"茄鲞",虽然只是腌茄子干,但制作工艺十分繁复,而且成本不菲,"倒得十来只鸡来配",具体流程按照凤姐的介绍就是"把才下来的茄子把皮签了,只要净肉,切成碎钉子,用鸡油炸了,再用鸡脯子肉并香菌,新笋,蘑菇,五香腐干,各色干果子,俱切成丁子,用鸡汤煨干,将香油一收,外加糟油一拌,盛在瓷罐子里封严,要吃时拿出来,用炒的鸡瓜一拌"。事实上,曾有民间美食家严格按照凤姐的烹制程序制作了"茄鲞",但据说味道难以令人恭维。虽然曹雪芹精通医学、金石、诗文、烹饪、花草等多门学问,但是说不定,这里只是借凤姐之口和广大读者开个玩笑。

时至今日,据称有人已经研制出了"茄鲞"的现代做法,主料包括茄子和某种禽肉(不是古法的鸡肉),配料则包括各色干果如桃仁、杏仁、腰果、榛仁等,制作方法仍然复杂,但较之《红楼梦》中两个古法版本已经有很大简化,主料方面的茄子是挑选不太老的茄子洗净,把后面的茄蒂剥掉,然后上锅蒸熟,拿出来凉透倒净了水,再把茄子一面撕开,然后茄瓤朝上,放到干净的竹匾里面晒干,这样主料茄子方才制作完毕。

一、单纯的菜谱不受著作权法保护

那么,对于这种"茄鲞"的菜谱,研发者是否可以主张著作权呢?答案是否定的。这是因为,著作权法只保护具有独创性的表达,任何实用性的因素,包括操作方法、技术方案和实用功能都不在著作权法的保护范围之内,这已经成为世界版权通行的共识。例如,如果某个人撰写了一本介绍美甲技术的书,另一个阅读后如法炮制使用这种方法为他人提供美甲服务盈利,不会构成著作权侵权。同样,一个人在看到他人的食谱中记载的"茄鲞"的制作方法后造出"茄鲞",本身并不构成对他人著作权侵权。

值得注意的是,很多人往往容易走入一个误区,将单纯的菜谱不受著作权法保护,等同于将生动形象描述菜谱的图书也排除出著作权法的保护范围,这显然是片面的。例如,"剁椒鱼头"的烹制方法(菜谱)是"1. 提前把剁椒酱做好,将辣椒去蒂后洗净,用厨房纸擦干水分;2. 将辣椒、姜10克、蒜10克剁碎,放入容器中,加入盐3克、豆豉5克、糖3克拌匀;……6. 将鱼头取出,切面涂上蚝油,均匀地撒上味精、淀粉、精盐、料酒和白糖,鱼头反放于盘中,撒上相同的调料并涂上剁椒酱,在鱼头下垫葱姜蒜,入锅,中火蒸20分钟"。显然,这是不受著作权法保护的实用性方法和技巧,任何人都可以自由使用这种方法炒菜。但是,如果张三将这种方法汇编入他的菜谱,并配以生动形象的说明、描述,同时加上一些高清亮丽的照片,那么整本菜谱就仍然可以构成具有独创性的汇编作品(虽然同样有实用功能,但是整本菜谱具有独创性的文字描述和照片的艺术体现仍然能够传递艺术美感),因此,对于这样的菜谱,如果擅自复制发行,仍然构成对张三著作权的侵犯。

那么,除了菜谱之外,在我国,菜名和菜肴造型,受著作权法保护吗?

二、菜名本身一般不构成作品

常见的菜名大致可以分为两种:一种是带有通用性的菜名,如"水煮鱼""土豆烧牛肉"等,显然不能被某个个体专有;另一种是具有独创性的菜名,如"百日恩"(家常豆腐)、"东坡最爱"(红烧肉)等等,但由于字数过少,难以在有限的表达内传递出作者的某种思想并达到足够的创作高度,不能体现作者个性化的取舍和选择,因此,在

我国实践中，一般难以认定为作品。事实上，这一观点已经在世界版权领域通行。在 2015 年，美国联邦第一巡回上诉法院公开就"鸡肉三明治"是否受版权保护一案作出裁决。美国法院指出，对于"鸡肉三明治"的名字，不受版权保护，因为"版权保护不会扩展到一句话、一个短语"。

三、具有个性化设计的菜肴造型可以构成美术作品

对于大多数的菜肴而言，即使是色香味俱全的高档菜肴，一般在造型上也并不复杂（没有形成个性化的平面或者立体造型），因此不能构成作品。但是，对于一些偏重于造型艺术的菜肴来说，却可能构成美术作品。例如，某道菜肴的名称是"猛虎下山"，其造型为一头猛虎冲下山崖（其中猛虎采用面粉食材制作，而山崖选用猪排制作），那么，只要"猛虎下山"本身构成了"具有审美意义的立体造型"并达到一定的独创高度，那么，就足以构成现行著作权法中的"美术作品"。值得补充的是：

第一，对于诸如"猛虎下山"这类菜肴作品，本质上属于实用艺术作品。根据著作权法草案（送审稿）中的规定，"实用艺术作品"，是指玩具、家具、饰品等具有实用功能并有审美意义的平面或者立体的造型艺术作品。而造型菜肴，首先具有实用功能（食用），其次才具有审美意义，因此也属于实用艺术作品。但是，现行著作权法中并无实用艺术作品的分类，因此，构成实用艺术作品的，并不考虑其功能，而只关心其造型本身是否构成具有审美意义的平面或者立体的造型，即按照"美术作品"来保护，同时，这种造型必须能够与其功能分离。

第二，对于构成美术作品的造型菜肴，受到保护的是其造型。换言之，他人用不同的食材再现同样形象的菜肴，构成著作权侵权；他人缩小或者扩大尺寸比例重现相似形象的菜肴，同样构成著作权侵权；他人将造型菜肴拍照后出版，也构成著作权侵权。正因如此，2013 年，德国联邦法院裁决，摆盘精致的食物是创造者的艺术财产，即饭店里摆盘精致的菜肴可以成为受版权保护的作品，这意味着食客要想拍摄照片并

传播，得先征得厨师同意。

　　第三，对于大部分并不构成美术作品的菜肴，如果作者对其拍摄照片，可以构成摄影作品，他人如果复制、发行相应的照片，就可能构成对菜肴照片的侵权。

互联网时代版权保护的十八般技艺

自版权诞生之日，盗版就和正版如影随形，在版权防卫战中，盗版技术和版权保护措施形成了"道高一尺，魔高一丈"的博弈态势，在不断的竞争和超越中，形成了各式各样的版权保护技术。放眼当下，我国各类作品的版权保护技术可以大致罗列如下。

地图、词典等作品："暗记"和"埋雷"

在著作权侵权判断中，"错误沿袭"是重要的判定依据之一。因此，一些地图作品的著作权人，往往在地图作品中某些位置上设置"暗记"，比如在交叉路口画一条看似多余的短线（但实际道路并非如此），这就是一种没有表达任何地理信息意义的特殊标记，仅仅是起到发现和证明侵权的作用。这种方法目前被很多地图生产商所采用，又被称为"埋雷"，可以在一定程度上保护作品的合法权益，并可以作为对方侵权的关键证据。同样，在词典类作品中，著作权人也可以采取类似的保护策略，即故意保留一些表达上的错误。

图片作品："纽扣"技术

目前，网络电商平台成为图片作品侵权的"重灾区"。很多电商平台商铺经营者辛辛苦苦制作了各种精美的商品展示图片和模特图片，却在一夜之间被"复制粘贴"在无数个其他同类产品竞争者的店铺展示中。对于这种分散式的侵权而言，图片作品的权利人无论在侵权发现、举证和维权上都存在极大的经济成本。在此背景下，相应的版权保护技术应运而生。最常见的是水印技术，即在原创图片或照片上打上水印。

但是，水印技术也存在不足之处，因为侵权者完全可以通过图片编辑技术去除或者遮盖水印。于是，又出现了一种"数字纽扣技术"。据报道，这种技术又被称为"图片护盾"，由阿里巴巴研发，根据技术专家介绍，这种技术应用后，上传原创图片的淘宝卖家可以选择使用"图片护盾"保护，这样一来，图片上传后，通过给图片加上肉眼看不到的水印来确保图片的"安全"，如果盗图者通过复制、粘贴再次上传这张图片的话，系统可实现自动拦截、自动处罚，而不需要权利人选择是否发起投诉。即使盗图者对图片做了缩放、拼接、剪切等人工编辑，系统还是能够发现并予以制止。

音频作品："音频指纹"和"水印"技术

目前，业内存在的较为先进的音频版权侦测技术是所谓的"音频指纹"技术，其原理是通过监测视频库或用户上传内容的音频指纹，相关监测服务平台可将视频中使用音乐的歌名、歌手、播放时长等相关数据提供给服务运营商，供其判定是否侵权，可广泛地应用于互联网、电台、电视、有线、卫星中传输内容的音乐识别。该技术通过检测海量音频的指纹库实现监测，因此一般需要配置高性能的计算机设备。

除此之外，据报道，爱奇艺发布了一种新的音频版权侦测技术——"音频水印"，即通过在音频中植入加密的版权信息，实现低成本、快速、高精度的版权识别。该技术具有运算量小，耗时短，成本低廉及高准确率的优势。即使音视频内容经过处理，水印信息也不易丢失。版权的识别可以通过软件快速扫描自动完成，甚至可以通过手机应用软件实现检测，从而大大提升了可操作性。

视频作品:"加密"技术

目前,网络的各类在线课程视频成为视频作品被侵权的"重灾区"。在此背景下,在线课程分享平台"百度传课"针对性地推出了"内容数字版权加密保护技术"。据报道,该技术要点在于给视频内容增加加密壳,只有通过服务器获取秘钥才可以完成内容播放。换言之,当视频内容添加这一技术后,即使通过不正当手段下载了百度传课的视频,也无法在无授权的情况下播放,也就杜绝了盗版者再售卖的可能。

软件作品:"时间戳"技术

在后网络时代,"谁是原创"已经成了最常见的证明难题。由于版权是自动产生的,不需要登记注册,因此难以证明。尤其是数字化作品,缺少物理有形的创作证据,使企业保护版权变得更难,在此背景下,"时间戳"服务应运而生。

时间戳是时间戳服务中心通过我国法定时间源和现代密码技术相结合而提供的一种第三方服务,将处理电子文件时的精确时间利用 HASH 算法嵌入文件编码之中,形成了不可改动的时间记录,因而可以证明电子文件(数据电文)在某一时刻存在的真实状态,是具有法律效力的电子凭证,可以证明电子文件的创建时间及其内容的完整性。按照《中华人民共和国电子签名法》的有关规定,加盖了时间戳的数据电文(电子文件)可以证明数据电文在一个时间点是已经存在的、完整的、可验证的,其数据保密性、完整性、不可伪造、不可否定性等特性,符合《电子签名法》第 5 条对原件形式要求的规定,具有很高的证据效力。因此,只要及时申请时间戳,获得第一时间作品存在及内容完整性证明,日后若有人仿冒或抄袭该作品,只要拿出时间戳证据,"谁是李逵谁是李鬼"就可以一目了然。

但是,从时间戳的产生机理来看,其在证据方面仍然存在一定的局限性:第一,在客观真实方面仍然存在作品被他人抢先盖戳的可能性。因为权利人为作品加盖时间戳时,受理部门无法对其作品的合法性进行判断，有人可能拿他人的作品为其加盖时间戳，导致无法辨别。第二，对于一些内容较多的版权文件而言，提交盖戳的内容只是一部分，这就使得其证明的意义只能是初步和局部的，在与其他形式的证据相抵触后可能被推翻。

量体裁衣才是应对之道

除了上述的典型代表外，目前的版权保护技术还包括反复制技术、追踪技术、标准系统和远程侦测技术，不一而足。事实上，无论何种版权保护技术，总是存在特定的"技术软肋"。作为著作权人，需要量体裁衣、因时制宜，选择最佳的版权保护技术或者同时使用若干技术构成完整的保护体系，这样才能打造最为完善的作品保护防御体系。